道德经阐微

吴诚真◎著

人民东方出版传媒

东方出版社

图书在版编目（CIP）数据

道德经阐微 / 吴诚真 著. —— 北京：东方出版社，2016.10

ISBN 978-7-5060-9299-9

Ⅰ.①道… Ⅱ.①吴… Ⅲ.①道家②《道德经》—通俗读物 Ⅳ.①B223.1-49

中国版本图书馆CIP数据核字（2016）第252759号

道德经阐微

（DAODEJING CHANWEI）

作　　者：吴诚真

责任编辑：贺　方

出　　版：东方出版社

发　　行：人民东方出版传媒有限公司

地　　址：北京市西城区北三环中路6号

邮政编码：100120

印　　刷：北京汇林印务有限公司

版　　次：2016年11月第1版

印　　次：2022年4月第4次印刷

印　　数：20 001—23 000册

开　　本：640毫米×950毫米 1/16

印　　张：14.75

字　　数：114千字

书　　号：ISBN 978-7-5060-9299-9

定　　价：29.00元

发行电话：（010）85924663　85924644　85924641

道德經闡微

任陽融題

任法融书法作品

目录

推荐序

　　吴诚真道长的新著《道德经阐微》即将出版。这在中国道教界来说，是一件可喜、可贺的好事。顾名思义，《道德经阐微》是作者学习、实践《道德经》，用《道德经》指导自己修道、悟道的收获和体会。全书文字隽永，直抒胸意，字里行间折射出作者对道教信仰不懈又执着的追求，体现出她孜孜不倦、深研细读、认真领会《道德经》主旨要领的刻苦精神，再现了一个虔诚的玄门弟子苦心励志，数十年如一日修持的艰辛历程。毋庸讳言，《道德经阐微》对于广大的道教徒，尤其是对初入玄门的道人，具有引领和启示作用。

　　同为玄门道友，我和吴诚真道长在教务、工作等方面来往接触较多，《道德经阐微》成稿之后，我有幸先睹为快，开卷如春风拂面，令人耳目一新，掩卷如沐细雨甘霖，感悟颇深。

　　凡修道者必须认真学习道教的最高经典《道德经》，以提高道教素养，指导、约束、规范自己的言行举止，防止误入旁门邪径。通观《道德经阐微》，不难看出吴诚真道长对《道德经》的深入学习、研究和领会，已经烂熟于心，达到融会贯通的境界。她按照教祖老子的教诲，立规陈矩，检束身心，戒行精严，修身修命。从修道的角度来说，《道德经》是一部关于修道的书。司马迁说"老子修道德"，又说"盖老子百有六十余岁，或言二百余岁，以其修道而养寿也"（《史记·老子韩非子列传》）。从这些论述中可以看到，老子是一个修道之人、得道之士，因修道而长寿。《道德经》是老子修道实践的切身体会和经验总结，开创了道家和道教理论先河，成为后世道教一切经典的总原则、总基础和总参照系。吴诚真道长在数十年修道的过程中，始终虚心学习、苦心钻研《道德经》。在《道德经》的指导下，吴诚真道长始终一心向道，心无旁骛，清心寡欲，抱元守一，摒弃世俗，苦心励志，得以绍隆宗风，成为一代修持精严、弘法演教的方丈大师。《道德经阐微》真实地记录了一个性命双修的高真修道、明道、悟道、证道的历程，像一盏明灯，为后来修道者指明了方向和道路。

吴诚真道友的《道德经阐微》才德兼茂，名实相符。我真挚地向道教界同人同道推荐这本著述，与大家共勉。

是为序！

中国道教协会会长 李光富

道历 4713 年（公元 2016 年）7 月 6 日

于武当山紫霄宫

第一 化起无始

第一章

　　道可道，非常道。名可名，非常名。无名，天地之始；有名，万物之母。故常无欲，以观其妙；常有欲，以观其徼。此两者，同出而异名。同谓之玄，玄之又玄，众妙之门。

【 释义 】

　　"道可道，非常道。名可名，非常名。"道，本无形无象，无情无欲，无色无味，无所不在，无处不有，无实无名。一气凝然，阴阳未判，天地未分，混混沌沌。它不受任何意志与力量左右，却又不断地、自然地运动着，无形地推动着宇宙世界的形成，天地万物的生发，万法万事的变化。道，是宇宙之起源，天地之本始，造化之枢机，支配着物质世界的变化。道，不仅是万事万物发展的总体规律，更是宇宙万物的本源本体。

可以说出来的"道"，就不是永恒之道。永恒之道就是"非常道"，是形而上无法感知的，也是不能用语言来表述的。用语言表述的则是"可道"，就不是道的本身。"可道"是道的运动与变化、道的存在以及它的功能与作用，就产生了实际而具体的各种方法、途径、规律、法则。"可道"的形成就有万物的消与长、少与老、生与死、因与果等。那么用语言来表述的"可道"并非道的本体。

基于道从无名到有名所呈现的本体差异，进一步通过"可道"与"常道"来阐述"名"之"可名"与"常名"的道理。道本无名，先天地生，这是本源，勉强用语言文字表述的"名"不是那永恒存在的名，乃假以代号之名，故非"常名"。

道形成了，名也有了。用言语来表达的道与名，就已经不是它本真的面目了。无是天地之始，生养万物，孕育万物，故为母。《道德经》四十章："天下万物生于有，有生于无"，有无相生，有动有静。《道德经》二十一章："道之为物，惟恍惟惚。惚兮恍兮，其中有象；恍兮惚兮，其中有物；窈兮冥兮，其中有精。其精甚真，其中有信。"由此可见，道产生了象、物、精、真、信。无与有，无是宇宙的本源，为始为母；有是天地万物运动生长的规律，它们同出而异名。

"无名，天地之始；有名，万物之母。" 道，"其上不皦，其下不昧，绳绳不可名"（第十四章）。那么，道是怎样得名的呢？道祖老子《清静经》中曰："大道无形，生育天地；大道无情，运行日月；大道无名，长养万物；吾不知其名，强名曰道。"也就是说，道是无形无象、先天地而生的，道乃众母之母，"吾不知谁之子，象帝之先"（第四章），试问又有谁能为其命名呢？所以只能勉强给它取了个名字，就叫作"道"，故曰："无名，天地之始。"道本无极，无极动而太极生，太极生而阴阳分，阴阳分而天地定，天地定而万物有，此乃"道生一，一生二，二生三，三生万物"（第四十二章）。人根据万物的功用不同而各命其名，令万物有所归属，譬如天地、日月、寒暑、男女之名等，又如生死、是非、荣辱、得失之名，无论是形而下的器之名，还是形而上的道之名，无非都是道的阴阳功用之名，故曰："有名，万物之母。"

"故常无欲，以观其妙；常有欲，以观其徼。此两者，同出而异名。同谓之玄，玄之又玄，众妙之门。" 从修行人的角度来讲，这句话指的是动静的过程，或是一种精神境界。"常无"，象征天地未始，万物宁静。在常无的境界时，就能回归到最原始、最质朴、最真实的状态，那就能接近道的本源，观察事物的本来面目。只有常无私无欲，才会体悟道的玄妙，达到观其妙之境，无中方能生妙有。"常有欲，以观其徼"，指人有了自己的主观意识，就能观察到万事万物生长变化之道，这称为"徼"。

再来重点解释一下"观""妙""徼"三个字。《道德经》字字珠玑、一语三玄，皆十分准确，绝无随意。本章两个"观"字即能体现这一点。同样是"看"的意思，就有观、察、窥、看、视、睹等不同之字可以表达，这里独取"观"字而不用其他，大有深意。观，除了普通察看的意思外，更有两层意思是其所特有的：总览和内观。总览为观，与之相对的字是"察"，察是细察的意思。内观则是往里看的意思，与之对应的是"视"字，视是指往外看。那么，内观是往内看什么呢？不是看物，而是看心，也叫作观照内心。"视"和"察"二字，在《道德经》里也有应用，比较便知："视之不见名曰夷"（第十四章），这个视，即一般察看的意思。"俗人察察，我独闷闷"（第二十章），这个"察"，就有看得细致的意思。因此，这里的观其妙与观其徼，都有用心观照事物本质与总览把握事物全局的意思，而非一般观察的意思。再来说"妙"字和"徼"字：妙，精妙、精微，喻事物未生发、未行动，即将萌发的状态；徼，交合，也有边界的意思，喻事物已发生、已行动，正在发展的状态。所以，"无"对应着"妙"，"有"对应着"徼"。

因此，修行人体悟道的存在，应当明白有无（即阴阳）共存而相生的道理，应当掌握两种具体方法，去体悟道在一切事物中的应用：常在事物隐而不发的初始阶段，透过无名无象，去用心观照事物的初始萌发动机；常在事物显而易见的发展阶段，通过有名有象，去用心观照事物的未来发展趋势。这就叫作"常无欲，以观其妙；常有欲，以观其徼"。

掌握了这种"无中观妙有，有中观未有"的方法，就能体悟到万事万物生长造化之道。无与有，一个是道的本体，一个是道的功用，都叫作玄。玄，道的另一个名而已，意指有无相生的造化。永无止境的造化，就叫作"玄之又玄"，乃是天下万事万物的"众妙之门"。

第一 化运自然

第二章

　　天下皆知美之为美，斯恶已；皆知善之为善，斯不善已。
故有无相生，难易相成，长短相较，高下相倾，音声相和，前
后相随。是以圣人处无为之事，行不言之教。万物作焉而不辞，
生而不有，为而不恃，功成而弗居。夫唯弗居，是以不去。

【 释义 】

　　"天下皆知美之为美，斯恶已；皆知善之为善，斯不善

已。"道生化万物，万物既生，就有了美与丑、好与坏、善与恶的名相。这个名相是在相对的比较下分辨出来的，这些恰恰是道的辩证内涵的具体体现。人们知道什么是美好，就懂得什么才是丑恶。如果天下人都执着于"美"，那么"美"就不是原始的、初衷的、自然的、朴质的，而是刻意的、雕琢的、有为的，相比无为自然的美，就变得相形见绌了。另一层意思也就是说美的东西它也会转化为丑的，变成恶的、不好的东西，善的也会变成不善的，因为事物是不断转化的，一切都要遵行道法自然的原则。

"故有无相生"，"有"与"无"是相依相存，相互产生的。如同平地建起一栋房子，它只有在无房的空地上才可能拔地而起，如果没有"无"的空间，又怎能体现"有"的功用呢？所以说"有无相生"，有是生于无的，无同样也生于有，相互转化，生生不息。

"难易相成"，困难与容易，它们也是相互形成的。就修行者而言，完成大的成就当然是难的。但是，只要用心认真去做，就能化难为易，经年累月，其功必成。

"长短相较，高下相倾，音声相和，前后相随。"长与短相互比量，高与下相互对照，音与声相互和谐，前与后相互跟随。世间任何事物，总是一分为二，体现为真、善、美与假、恶、丑的彼此相对。修行者应当知晓，这种相对，源自于事物之间对比性，明白了事物之间的相对性，进而遵道而行，才是应有的修为。

"是以圣人处无为之事，行不言之教。万物作焉而不辞，生而不有，为而不恃，功成而弗居。夫唯弗居，是以不去。" 因此，圣人在处理事情的时候，从不会以自我为中心，也不会突出表现自己，而是顺从于道的自然法则，教化民众，以身教代言教，做到以身作则，身先行之，这就是"圣人处无为之事，行不言之教"的道理。"无为"是无我之为，不是消极的无作为，"无为"是依道的法则行事，不妄为。

在圣人看来，万物生发、生长、兴起是一个自然过程。圣人所为，也当效法于道，不用对万物刻意追求。如同天地之德，从不言辞，仍不辞劳作地培育着万物生长，万物长成而不据为己有，听任万物壮大而不横加干涉，促成万物长成而不居功。所谓处无为之事，不过是以道的法则行事，以不己有、不干涉、不居功、不自傲的态度去处事，以达到无所不为。这样的功德如同天地之德，永不磨灭。

第二化现真身

第三章

　　不尚贤，使民不争；不贵难得之货，使民不为盗；不见可欲，使民心不乱。是以圣人之治，虚其心，实其腹，弱其志，强其骨。常使民无知无欲，使夫智者不敢为也。为无为，则无不治。

【 释 义 】

　　"不尚贤，使民不争；不贵难得之货，使民不为盗；不见可欲，使民心不乱。"安民不要许以高官厚禄，不要去标榜贤德的名号，人们就不会为之争斗。不去珍重稀有的物品，大家就不会因贪生盗。不去表现让人产生欲望的事情，则民心淳厚，不生杂乱。修行者，应当在现实生活中时刻观照并警醒自己，不要为了一个虚妄的标榜而去做无谓的争斗，那样很容易丢失本真，得不偿失。

"是以圣人之治，虚其心，实其腹，弱其志，强其骨。常使民无知无欲，使夫智者不敢为也。为无为，则无不治。" 圣人之治"虚其心，弱其志，强其骨"就是"无为"的体现，更是让人回归淳朴净化的社会。圣人描述修心人的过程是，"修"是返回到先天境界，只有心无其心，物无其物，心勿妄动，此时精神满足，真气储存丹田，自然实腹充盈。修得心灵空明，少私寡欲，血脉畅通无阻。对于民众而言，吃饱了肚子，能够保持健康的身体、柔弱的意志、强壮的体格，则民众无忧无虑，生活在远离心机与欲望的环境里，并且习以为常。这样，就会让那些足智多谋的人也不敢妄自弄巧以达到目的。如果那些喜欢自我表现而好有所为的人也不再去做他个人的作为了，都能遵道而行，自自然然地休养生息，这样就天下大治了。

第四章

道冲而用之或不盈，渊兮似万物之宗。挫其锐，解其纷，
和其光，同其尘。湛兮似或存。吾不知谁之子，象帝之先。

【 释 义 】

"**道冲而用之或不盈**"，道，虚空而有着无穷无尽的能量，
这种能量聚之不满，用之不尽。

"**渊兮似万物之宗**"，表示道的渊博深远，因为，道是世间

万物的本源。

"**挫其锐，解其纷，和其光，同其尘。**"道是没有锐气、没有纷争的。修行者为人处世，当遵守道的法则，抱谦和之态度，挫刻薄之锐气，解纷争之矛盾，共享道的光辉，生活得从容自如，各得其所。

"**湛兮似或存**"，道虽然看不见，但是的确存在。

"**吾不知谁之子，象帝之先。**"道祖老子说我也不知道它（道）是谁家的子弟，应当是在天帝之前就有了它。道在鸿蒙未判、阴阳未分时，一气化三清。所以，道是天地之元，神明之本。修行者修的即是比天帝更恒久的道。

第五化受玉图

第五章

　　天地不仁，以万物为刍狗；圣人不仁，以百姓为刍狗。天地之间，其犹橐籥乎？虚而不屈，动而愈出。多言数穷，不如守中。

【 释 义 】

　　"天地不仁，以万物为刍狗。"天地对待万物不是以仁爱作为标准，天地效法的是道与自然。人与人之间相亲相爱，既然有你仁我义，就必有你不仁我不义。所以人相处是在相对条件下才会有"仁义"。天地待万物没有偏爱，它视万物为刍狗。刍狗是古代祭祀时用草扎成的狗，被视作圣物。这说明天地没有私心，待万物如对圣物一般地尊重。

"圣人不仁，以百姓为刍狗。"圣人，是没有偏爱与私心的，对待百姓如同天地视万物一般一视同仁，像对待圣物那样去尊重百姓。天地对待万物之爱是一体同视的普爱，圣人对待百姓的爱也是一体同视的大爱。

"天地之间，其犹橐龠乎？"道祖老子把天地之间描绘成一个大风箱的样子。风箱是用来生风的，如果没人拉动，它就虚静无为，如果有人拉动，风就会出来。这说明天地之间静则无生息，动则生万物。修行的人亦是如此，动静相宜。

"虚而不屈，动而愈出。"虚空没有穷尽，人的修炼也是一样。心灵虚空，才能产生真气与能量，心生烦恼，就干扰气量的循环。只要道、天、人合一，真气自然源源不断。

"多言数穷，不如守中。"从修炼层面来说，话多耗气，语多伤神，不如内守，方能阴阳调和。说得多不如修得勤，要效法天地之道，无所偏爱，守持自然清虚之道。

第六章

谷神不死，是谓玄牝。玄牝之门，是谓天地根。绵绵若存，用之不勤。

【 释 义 】

"**谷神不死，是谓玄牝。**"谷神比喻道的元神、性灵，在人即为不生不灭的真如本性，在自然界好比深山的幽谷，空灵通神，川谷虚静，虚怀若谷，永生不死，故称不死。天地自然乃无极之极，无极生妙有，称之为"牝"，是天地、阴阳之衍化。牝属母性（第二十章"我独异于人，而贵食母"），生之根，生之门，是谓玄牝。

"**玄牝之门，是谓天地根**。"玄牝从无极到太极，一气流行，生生不息。万物有归于无，其根归于道。这个道是生生之门，从不间断。

"**绵绵若存，用之不勤**。"生生之门柔弱绵绵，似有非有，似无非无，触之不可及，但它又确切存在。看似它无，可以生生不息，用之不尽。从修炼上也是一样的道理，阴极则阳生，静极而动生，抓不着，看不见，却真实存在的气，人一分钟也不能没有它。

第七化历劫运

第七章

　　天长地久。天地所以能长且久者，以其不自生，故能长生。是以圣人后其身而身先，外其身而身存。非以其无私邪？故能成其私。

────────────────────────

【 释义 】

　　"天长地久。天地所以能长且久者，以其不自生，故能长生。"天能长生，地能长久。因为天地公而无私，按照道的规律生长，故能长久存在。它没有自己的主观意愿，不为自己而生，不为自己而活，所以才能长生、久远。

"是以圣人后其身而身先，外其身而身存。非以其无私邪？故能成其私。"有鉴于此，圣人遇事谦让不争，反而能得到众人的拥戴。将自身置于度外，自身反而能够得以保全。这不正是因为他无小我故能成就大我？

圣人，会将自身的小我放下，去其私欲，成就其大我。圣人遇到利益身退于后，遇到困难身趋于前，所以圣人自然得到大家认可与拥戴，圣人的品德精神就可以传承。

由此推理，天地万物顺应道法自然，无私无欲。圣人效法天道之理，不以自我为中心，去私存公，故能得大成就。

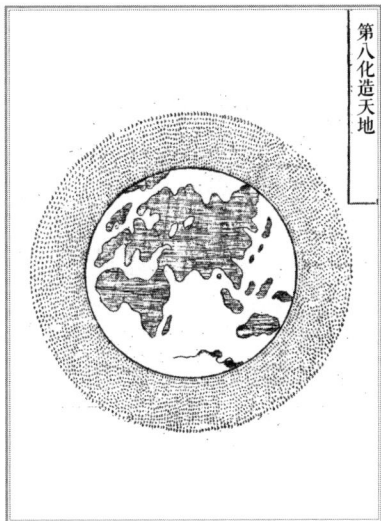

第八章

　　上善若水。水善利万物而不争，处众人之所恶，故几于道。居善地，心善渊，与善仁，言善信，正善治，事善能，动善时。夫唯不争，故无尤。

【 释义 】

　　"上善若水。水善利万物而不争，处众人之所恶，故几于道。"上善是圣人的境界，君子之品德，喻如同水一样，水恩泽万物而不与之相争，停留在大家所厌弃的地方。因此，水是最接近于道的。

万物莫不依赖水的润泽，而水对待万物的态度却是"天之道，利而不害"（第八十一章）。水常处于低洼、阴暗、肮脏、寂寥的地方，清静自守，无为不争，所以说水的美好品质，如同天道一般，这就叫"上善若水"。

"居善地，心善渊，与善仁，言善信，正善治，事善能，动善时。" 居所的可贵在于适应环境，内心的可贵在于保持沉静，交往的可贵在于效法天道，言辞的可贵在于遵守信用，为政的可贵在于公而无私，处事的可贵在于发挥所长，行动的可贵在于掌握时机。正是因为水的"不争"，所以才没有过失和怨悔。

上节讲上善若水，此节讲修行者如何学习水的品质，进而达到"上善若水"的方法：居留容止，要避高就低，随方就圆，处下无争，聚养大德；修持身心，要沉寂如水，心静徐清，清虚内守，波澜不惊；与人为善，要仁德笃厚，善待众生，诸恶莫作，众善必行；言辞政令，要争先执行，如水照物，明白守信，不存私见；为政治国，要如水贵平，公正无我，不忘初心，惠泽天下；处世为人，要如水攻坚，以弱胜强，无碍圆融，坚持不懈；选择时机，如冬冰春释，与时俱进，择机而发，待时而动。

"夫唯不争，故无尤。" 正是因为水具有不与万物相争的可贵品质，所以不会招致过失。因此，道祖老子常常以水喻道，不吝赞美，并称其为"上善"，因其利而无害、功而无过的美德用来喻道最为合适。正是具有上善的高尚品德，不与万物相争，因此，便没有过错。

第九章

　　持而盈之，不如其已；揣而锐之，不可长保。金玉满堂，莫之能守；富贵而骄，自遗其咎。功遂身退，天之道。

【释义】

　　"持而盈之，不如其已。"欲望永无休止，当一个欲望满足时就会产生下一个欲望。实现欲望的过程就是一个招致无穷烦恼的过程，就会招来损己的事情。知道这个道理就应该适可而止，过了就是错。做人处世，道理一样，"谦受益，满招损"。

"**揣而锐之，不可长保**。"好比利器，虽然磨得锐利，但容易遭到折损。锐利之器是不可长保的，所以有"刚则必折"之说。做人也是一样道理，不要锋芒毕露。

"**金玉满堂，莫之能守；富贵而骄，自遗其咎**。"这里指人生在世，不要为外物所累，金玉本来就是身外之物，即使满屋金玉，哪个又能守住呢？谁又能在百年之后带走呢？真正能带走的是道与德，这样才能"子孙以祭祀不辍"（第五十四章）。富贵都是世人期盼，而世人一旦富贵，则容易忘乎所以，乃至招来祸害，成为咎由自取的祸根。所以，人应该保持超然物外、洒脱人生的境界。

"**功遂身退，天之道**。"既然金玉与富贵都是身外之物，难以长久，所谓功业也是一样的道理。上天从不居功，从未期盼万物能回报什么。人当学习天道，不要将功绩占为己有。所以功成身退，合乎天道。修行者不是不允许俗世之功业，相反，有能力造福众生的功业是很好的修行，但修行者应当遵循天道，不要在取得功业后居功不退，学会在功业成就以后，还能将其所产生的名利等身外之物主动辞去，才是合乎天道的修行法则。

第十化变真文

第十章

　　载营魄抱一，能无离乎？专气致柔，能婴儿乎？涤除玄览，能无疵乎？爱民治国，能无知乎？天门开阖，能无雌乎？明白四达，能无知乎？生之，畜之，生而不有，为而不恃，长而不宰，是谓玄德。

【释义】

　　"载营魄抱一，能无离乎？"载指的是人的形体，营魄指的是人的魂与魄，魂魄分为三魂和七魄。人之身，其魂有三，一为天魂，二为地魂，三为命魂。三魂属阳，藏于肝，聚于元神。其魄有七，尸狗、伏矢、雀阴、吞贼、非毒、除秽、臭肺。七魄属阴，藏于肺，聚于元精元气。喜、怒、哀、乐、忧、憎、惧叫作七情，是七魄的外在形式。大凡人的思虑过多，不能清心寡欲，外有七情妄动，内则精动神摇、魂飞魄散，魂魄与形体不能合一。修行的人应当让形体与魂魄保持高度合一，才能获得真正的健康。用今天的话来讲，就是肉体、精神与灵魂三方面保持一致的健康，才算是真正意义上的健康。

"**专气致柔，能婴儿乎**？"吕祖《百字铭》开篇第一句"养气忘言守"，降心养气是修炼之要领。炼精化气，炼气化神，炼神还虚，以至虚无合道。就像那初生的婴儿一样，保持先天元灵真性，心无所染，自自然然，无欲无求，气脉平和，血脉和畅，神住意回。

"**涤除玄览，能无疵乎**？"修行人要洗除心之障碍，让心门敞开，清静明亮，不蒙尘垢。

"**爱民治国，能无知乎**？"以爱护百姓为出发点去治理国家，应当顺民心，惜民力，不要妄为妄动，横加干涉，让百姓自自然然地休养生息就可以了。

"**天门开阖，能无雌乎**？"天门，即指人心，人心最难静。雌，意指清虚守静。收敛人心，皆在一呼一吸、一动一静之间，当人心散乱时，必须返观调息、返至胎息，息息自然，天门自开，这样的法门离不开清虚守静。

　　"**明白四达，能无知乎**？"真正的明白通达之人，需要有"知不知"（第七十一章）的功夫，方才是真知。去除己见、妄见，放空自我，才能包容万事万物，达到明白四达的真知境界。

　　"**生之，畜之，生而不有，为而不恃，长而不宰，是谓玄德**。"大道生养万物，长养万物，但目的不是为了占为私有。不为己有，不图回报，顺应自然，不去干涉，这些体现了道的本性。它是深不可测、永无止境的大德，即是玄德。

第十一章

三十辐共一毂，当其无，有车之用；埏埴以为器，当其无，有器之用；凿户牖以为室，当其无，有室之用。故有之以为利，无之以为用。

【 释 义 】

"三十辐共一毂，当其无，有车之用。"车轮是由三十根辐条、一个毂筒组成的。辐和轴都是实体，毂筒是中空的，车轮可以转动，凭借的正是毂筒的中空。

"埏埴以为器，当其无，有器之用。"通过模具将陶土制造成陶器，陶器虽是一个实体，但它是有底有壁有腹的。而陶器所能起到的盛放物品的作用，在于器腹的中空。

"凿户牖以为室，当其无，有室之用。"用木材雕凿了门、窗，与墙壁、屋顶相构，组成了可以让人居住的房子。房子的作用，并非在于门、窗、墙、顶这些实体，而是在于这些实体之中的空间可以给人居住。

"故有之以为利，无之以为用。"利，是由实体的存在来表达的；用，则是实体所能具备的作用与功能。实体与空间的利与用关系，恰如"有无相生"，是相辅相成的。

普通人看事物，或重利而轻用，或重用而轻利，殊不知没有用，则利不复存在；无利，则用无所依存。利与用，虚与实，有与无，正与反，无非是一体两面，只有知利晓用的人，才是洞明大道的修行者。

第十二章

五色令人目盲，五音令人耳聋，五味令人口爽，驰骋畋猎令人心发狂，难得之货令人行妨。是以圣人为腹不为目，故去彼取此。

【 释义 】

"五色令人目盲"，眼睛之明，在于能够辨别青、红、黄、白、黑这些颜色。各种颜色过于缤纷夹杂，这个就叫作色尘，它会使眼睛不能明辨而若盲。于修行者更应该返观内心，目不外视，闭目养神。

"**五音令人耳聋**"，耳朵之聪，在于能够听出宫、商、角、徵、羽这些音调。各种音调过于交集齐响，就会使耳朵听不出那都是些什么音调而若聋。于修行者更应该守住内听，莫问外物，这是返观调息的修行法门。

"**五味令人口爽**"，爽，败坏的意思。五味，指的是酸、甜、咸、辣、苦各种味道，如果将各种味道过多地混杂，让人饕餮，那么，口味就会被败坏，分辨不出味道来了。于修行者更应该崇俭守朴，心灵恬淡，保持六根清净，才能达到空明。

"**驰骋畋猎令人心发狂**"，骑马狩猎，在野外纵横奔跑，是一种让人背离清静本性的行为，会使人心狂乱。狂，是"动"的非常表现，实施起来则显得野蛮、暴力。与狂相反的是灵，是"静"的非常表现，灵会创造出文明意识。道心应常归于静，培养灵性而去掉狂性。

"**难得之货令人行妨**"，珍稀难得的财货，是引发人心贪婪的祸根，会导致人去争夺强抢，甚至引发杀机。修行者不应为获得身外之物而损害自己的德操，而应除六根之尘障，达与道合真之精神。

"是以圣人为腹不为目，故去彼取此。" 有鉴于明与盲、聪与聋、味与爽、灵与狂、常与妨的对比，我们需要明白：肚子是吃得饱的，眼睛是看不饱的。因此，人应该过着俭朴恬淡的生活。对修行人来说，应该道德内充，忧道不忧贫。不为物累，不为尘怜。

第十三章

宠辱若惊,贵大患若身。何谓宠辱若惊?宠为下,得之若惊,失之若惊,是谓宠辱若惊。何谓贵大患若身?吾所以有大患者,为吾有身,及吾无身,吾有何患?故贵以身为天下,若可寄天下;爱以身为天下,若可托天下。

【 释义 】

"**宠辱若惊,贵大患若身。**"宠辱是修行之人的一大障碍,干扰人的心态，影响人的情绪。宠辱是修行之人的祸患，须慎之又慎，防之又防。

"**何谓宠辱若惊？宠为下，得之若惊，失之若惊，是谓宠辱若惊。**""宠辱若惊"，宠为恩宠、荣耀，本来是不值得注重的事情。得到的时候心里兴奋紧张，为了保住这种虚荣，心里难免产生忧虑，而一旦失去了这份虚荣，心里又更加烦恼与惊恐，这叫作"得之若惊，失之若惊"。宠与辱对于人心的加害其实是同样危险的。

"**何谓贵大患若身？吾所以有大患者，为吾有身，及吾无身，吾有何患？故贵以身为天下，若可寄天下；爱以身为天下，若可托天下。**"人为什么把荣辱看得如同性命一般重要呢？我之所以如此患得患失而成为一种大忧患，是因为我太过于看重外在的那个自我，如果把那个外在的自我放下了，我还有什么可忧患的呢？

所以，像重视自己性命那样去经营天下的人，可以把天下寄望于他。像爱护自己性命一般去经营天下的人，就可以把天下托付于他。

能治理天下的圣人，将荣辱视作为扰乱心神的祸患、伤害性命的毒药。圣人的解决方式是，将外在的那个被功名利禄困惑的假我彻底抛弃，转而看重那个原本纯朴自然、真性情的真我，内心清虚守静，其毒自然消解。用此种方式对待荣辱的人，才是真正爱惜与看重自己性命的人，他不会执着于外在的假我，不会在意尘世的名利，心神不会受到惊伤，性命可以得到保全，放下假我得真我，无为而修身。如此，才是真正看透了性命真谛的人啊！

圣人看待天下如同看待自己的性命一般，也就自然明白了经营天下的真谛，像这等超凡无我而真正注重内在真我的人，没有恐惧忧患，是可以将天下寄望于他的。他将会用无为修身的方法，像对待自己性命那样去无为地治理天下，这符合大道无为的法则。掌握无为法则的人，当然可以将天下托付于他。

第十四化置陶冶

第十四章

　　视之不见名曰夷，听之不闻名曰希，搏之不得名曰微。此三者不可致诘，故混而为一。其上不皦，其下不昧，绳绳不可名，复归于无物。是谓无状之状，无物之象，是谓惚恍。迎之不见其首，随之不见其后。执古之道，以御今之有。能知古始，是谓道纪。

【 释义 】

"**视之不见名曰夷，听之不闻名曰希，搏之不得名曰微。**"大道是虚无的，无形的，故看不见它；大道是无声的，也听不到它；大道是无物的，用手触摸，也摸不到它。但并不等于它不存在，它屹然不动，真实存在。

"**此三者不可致诘，故混而为一。**"夷、希、微这三种不可名状的状态，无法追问探究，所以，从根本上讲，它们都归一于"无"。

"**其上不皦，其下不昧，绳绳不可名，复归于无物。是谓无状之状，无物之象，是谓惚恍。**"表面上看它不光亮，内在去看它又不昏暗，简直不可名状，只能将之归于"无物"的境况。而无物的境况并不是真正的什么都没有，只不过是没有名状的状况，没有实物的景象罢了。这种境况，就叫作恍惚。《清静经》曰："观空亦空，空无所空，所空既无，无无亦无。"人的感观是有限的，而道是无限的，怎么能够用人有限的感观去形容和表述呢？只有靠心去感悟它。

"**迎之不见其首，随之不见其后。执古之道，以御今之有。能知古始，是谓道纪。**"大道无边无际，无高无低，无前无后，似恍似惚，迎面看不见开端，跟随而不见末尾。所以，自古的大道能够应用于当今，把过去当作道的开端去看待，就找到了悟道的方法。

第十五章

　　古之善为士者，微妙玄通，深不可识。夫唯不可识，故强
为之容：豫兮若冬涉川，犹兮若畏四邻，俨兮其若客，涣兮若
冰之将释，敦兮其若朴，旷兮其若谷，混兮其若浊。孰能浊以
静之徐清；孰能安以动之徐生。保此道者，不欲盈。夫唯不盈，
故能蔽不新成。

"**古之善为士者，微妙玄通，深不可识。夫唯不可识，故强为之容**。"上古修道之士，皆为善士，善于把握事物背后的、人所不可见之处（微），并依此找到影响事物发展的根本（妙），由此做出恰当的变化以应对（玄），使事情的发展畅通无碍（通）。这些人在常人看来，是那么深不可识，正因为难以认识他（善为士者），所以勉强来形容一下他的样子。

"**豫兮若冬涉川**"，修行者对待事物小心审慎，如同冬天涉足江河之冰面那样，慎之又慎。

"**犹兮若畏四邻**"，善道之士，应以清静为本，防外魔干扰其道，如谨慎居家，不扰四邻，不受指责。

"**俨兮其若客，涣兮若冰之将释，敦兮其若朴，旷兮其若谷，混兮其若浊。孰能浊以静之徐清；孰能安以动之徐生。保此道者，不欲盈。夫唯不盈，故能蔽不新成**。"他拘谨和严肃起来，就像是在别人家里做客，他圆融可亲起来，就像是春来冰雪消融。他的本质敦厚而质朴，就像那未经雕琢的原木一般，时而昏暗无光，就像那浊水不清；时而又豁然开朗，就像那深山幽谷。他就像那深沉的大海，淡然恬静的时候，波澜不惊；

飘逸灵动的时候，又神游八极，无所止境。谁能够在事物动荡混浊的情形下使之平静，慢慢地恢复于清静？谁又能够在事物寂然无息的情形下使之发动，慢慢地呈现出生机？知道这个道理的人，往往不会任由事物发展到另一个极端。正因如此，才能够看起来如大道一般，不破亦不立。修道者若心静至柔，彻底澄清，入静入定时，如履薄冰，唯恐惊扰，伤其灵根。此时其若朴，若朴才能归真，归真达到复命。神归元始、气合元神、精气神合，若太虚之境。混元一气，清升浊降，静能澄清，静极而动，存灵守真，浊中求清，清者浊之源，人以为浊，唯我自清，返其本性，和光同尘。古善修真者，为道为善，夫守中不盈、不溢、不满，盈则克、溢则失、满则损，夫唯不盈，是以心空、无碍、无闭、无心、无境。没有旧破，没有新成。学古有道之士，乃得全真修士也。

第十六章

致虚极，守静笃。万物并作，吾以观复。夫物芸芸，各复归其根。归根曰静，是谓复命。复命曰常，知常曰明。不知常，妄作凶。知常容，容乃公，公乃王，王乃天，天乃道，道乃久，没身不殆。

【 释义 】

"致虚极，守静笃。"欲成无上大道，必修极致功夫，除一切妄念，断却一切妄为，制服六欲，心无尘挂，神至空灵，达到至宁至静的极致境界。所谓守静笃，即专一守静，这就是内视、内守、忘形、忘我的状态。

"**万物并作，吾以观复。夫物芸芸，各复归其根。**"道好静，万物并生，以其不自生，而能长生。人好静，虚中生实，无中生有，有生万物。以人修炼来说，诸多尘境，要返观内视，养太和冲气，返其元始。母养于子，母子相依，神气相守，元神元精和合，灵胎得现，见本来面目。

"**归根曰静，是谓复命。**"不坏真我，是谓复命，复命归于道的本体，乃真常之道。

"**复命曰常，知常曰明。**"常乃久、乃恒、乃远。只有有道之士，修得不坏真我，命乃常也。明白常道，才能明心见性，复归到生命的本元，明白道的规律，认识道的真谛，以达真常之玄妙。

"**不知常，妄作凶。知常容，容乃公，公乃王，王乃天，天乃道，道乃久，没身不殆。**"修行的人应当知道，不明道理，不去体悟道的规律法则，不知其静，不知参玄，妄心动念，伤神耗气，如此种种皆为失道。失道而胡乱作为，没有不凶险的。把握道的规律，即知常，常道乃清虚之境，无边无际，无所不容，无高无低，无厚无薄，无出无入，这就叫作"容"。无私无欲，无人无我，这就叫作"公"，公是道的一种体现。湛寂无为，顺其自然之道，这就叫作"王"。金木性相逢，元神、元精、元气有机融合，真性合命，不即不离。天地交泰，达清虚之妙境，此为"天"也。体真常之玄妙，养太和之祖气，得无上之大道，久住大罗之仙境，与道合真，身何有坏呢？

第十七化始器物

第十七章

太上，下知有之；其次，亲而誉之；其次，畏之；其次，侮之。信不足焉，有不信焉。悠兮其贵言。功成事遂，百姓皆谓我自然。

【 释 义 】

"太上，下知有之；其次，亲而誉之；其次，畏之；其次，侮之。"此章用于治国，指有道的君主清静无为，治国安邦，百姓只知道有君主的存在，而不知他有何作为。因为君王用王道，我无为而民自化，我无为而民自正，顺从道的法则，使民风淳朴，使民知其所在而不知其所为。次一等的君主，民众都称之为有道，老百姓亲近他，赞誉他。再次之的君主，弃道不用，以个人的情感和主观意志行事，老百姓迫于其势而敬之、畏之。再次之的君主，昏庸无道，鱼肉百姓，百姓反感他，轻侮他，甚至团结起来推翻他。

"**信不足焉，有不信焉。悠兮其贵言。**"君主与老百姓之间彼此不信任，君主悖离了真常无为之道，百姓就必然悖离淳朴自然之德。这样就很难相互取信，法政难施。那么有道的君主，则深知以道治国的道理，不妄言、不轻诺。既说了，则必深思熟虑，依道而言，说一句顶一句，重诺必行。

"**功成事遂，百姓皆谓我自然。**"如果都是以道的法则说话办事，君主是有道的明君，百姓是淳朴的善民，则天下太平。如上古大德训政时期，夜不闭户，路不拾遗，功成于无为之治，百姓认为这一切仿佛就是很自然的事情。

第十八章

大道废，有仁义；智慧出，有大伪。六亲不和，有孝慈；国家昏乱，有忠臣。

【 释 义 】

　　"**大道废，有仁义；智慧出，有大伪。**"当人们对道的认识出现缺失的时候，才彰显仁义。对社会而言，如果人人都有道德，何谈仁义？就修道的人而言，清虚内观，静极而无知无言。反之如果心中不守道，则废道乱性，就有了情感、好恶、仁义、执着，心有贪欲，心不在道，迷失本性。为了满足假我的欲望，用后天的聪明智慧去巧取豪夺，诸魔丛生，永失真道。修道之人要去伪存真，不要被烦恼扰心，以失本真。

"六亲不和，有孝慈；国家昏乱，有忠臣。" 从社会层面看，当幼不尊老、下不敬上的时候，家庭失去了道德，这样才显衬出孝慈。六神各自内观内守，顺性爱灵，出玄入牝，炼己忘形，自然百脉和畅，气藏于神，母抱于子，自然有慈有爱。

何谓国家？除了社会学意义上的国家以外，从修行的角度讲，修行者的身心也是一国一家。元灵、元神、元气是国家，性命亦是。什么是昏乱？心神不定、六神无主、神昏意乱。身心定，魂魄安，虚中静，性命应，元神定，金乌玉兔，相吸相守，坎离相交，水火既济，神复于内，情投祖气，不依外药，求法内丹。譬如国家，天下太平时，上行下效、子孝母慈都是自自然然的事情。自然和谐之国，没有所谓忠臣的用武之地；当国家有难之时，才显出忠臣良将。

第十九章

绝圣弃智，民利百倍；绝仁弃义，民复孝慈；绝巧弃利，盗贼无有。此三者以为文不足，故令有所属。见素抱朴，少私寡欲。

"**绝圣弃智，民利百倍。**"首先从社会层面来说，不崇尚圣贤，不标榜才智，不以圣贤自居，不以智慧安民，则百姓受利

更多。再从修行的角度来讲，不以我心观心，我心易生妄念、执着，易三心二意，干扰清静，不利于修道。

"**绝仁弃义，民复孝慈**。"以世俗层面来讲，君与臣、上与下、亲与疏，都以道德为准，不要刻意标榜仁义。道德出现危机的时候，才有杀身成仁、舍生取义来作为赞誉。如果社会层面皆能以道德为行为准则，民众则自然上慈下孝。

"**绝巧弃利，盗贼无有**。"何谓绝巧？第三章有相近之意，"不尚贤，使民不争；不贵难得之货，使民不为盗。"杜绝人的思想过于复杂，制止那些扰乱内心的智巧。何谓弃利？杜绝不正当的取利途径，不要把利益看得太重，放下功利之心。如此，就不会有盗贼。从修行的角度讲，要时刻警惕智巧与逐利之心，它们都是妨害修行的盗贼，要防之又防。人心安静，社会就得到安宁了，身心就愉悦了。

"**此三者以为文不足，故令有所属。见素抱朴，少私寡欲**。"此三者，就是绝圣、绝仁、绝巧。只是倡导它，不足以治国利民，更不利于修己修心。而应当把这些作为原则，深入到一切事理中去，这叫"有所属"。所属即不粉不饰、不雕不琢、复归元始、抱朴守真的道性。常怀道性的人和社会，回归自然，少私欲，少贪婪，一切自然纯朴，清静恬淡。

第二十章

　　绝学无忧。唯之与阿，相去几何？善之与恶，相去若何？人之所畏，不可不畏。荒兮其未央哉！众人熙熙，如享太牢，如春登台。我独泊兮其未兆，如婴儿之未孩，儽儽兮若无所归。众人皆有余，而我独若遗。我愚人之心也哉！沌沌兮。俗人昭昭，我独昏昏；俗人察察，我独闷闷。澹兮其若海，飂兮若无止。众人皆有以，而我独顽似鄙。我独异于人，而贵食母。

【 释义 】

"**绝学无忧**",绝学,指杜绝一切背离真道的学识,否则人就会生无名的烦恼。人只要抱道守真,岂有忧哉?

"**唯之与阿,相去几何?善之与恶,相去若何?人之所畏,不可不畏。荒兮其未央哉!**"回答与命令的声音有多大的差异呢?美好与丑恶,相互比较其本质相差有多少?善恶就在一念啊!众人所害怕之事,修行者也不可不心存敬畏。人没修悟大道,参透玄机,凡世俗之是非、善恶、好坏、高低、贵贱的价值判断是难以琢磨和把握的。所谓世事无常,其根本是事物的一体两面相互转化罢了,起心动念处,就决定了结局的大相径庭。

因此要让人心虚静守空,就像那无边荒芜,纯而不杂。心生杂念如长杂草,杂草滋蔓出毒蛇,扰乱清静。

"**众人熙熙,如享太牢,如春登台。**"众人熙熙攘攘、成群结队、兴高采烈,如参加盛大的集体活动,并享用了丰盛的宴席。太牢是古时用作祭祀,关在牢笼里养的猪、羊、牛牺牲品。又如惠风和畅的阳春三月登临高台,美景尽收眼底。世人享受的生活,多离不开吃喝玩乐,感观刺激,而没有超凡之境界。

"我独泊兮其未兆，如婴儿之未孩，儽儽兮若无所归。"我却淡泊孤独，超然于世俗之外，不因世俗而有一点起心动念。就像那初生的婴儿还未开始生长的时候，不逐名利、不寻刺激、不求外物、不应外事，只是抱朴守一于真性情。在人们看来如颓然而无所追求的样子，那是因为道的本性世人不知。

"众人皆有余，而我独若遗。"当世人将聪明才智发挥到极致而感到富足时，修行者却总是像感到丢失了什么的样子，时刻内观反省。

"我愚人之心也哉！沌沌兮。俗人昭昭，我独昏昏；俗人察察，我独闷闷。澹兮其若海，飂兮若无止。"修行者在世人看来是愚笨的，因为修行者质朴无华。世人都会炫耀己长，而修行者却不显己能，藏而不露，是因为我与道同在。世俗中人，观察事物，用执着心、执我心去看待事物，看起来头头是道，精明有余，殊不知这样去看待事物，会有片面性、局限性，不能与道同在。而修行者看待事物则不似那般精明，因为以道的高度去观察事物时，没有高低贵贱，没有分别心，所以并不特别彰显聪明才智。道是清静无为的，像大海一样辽阔，它沉静、安宁、飘逸，修行者要心若止水、无边无际、隐而不显、能容万物。

"众人皆有以，而我独顽似鄙。我独异于人，而贵食母。"
众人都显示才能，有所作为，修行者却显得愚顽并且浅陋，不与世俗同流。世人舍本逐末，看一时之相、图一时之巧、贪一时之功、享一时之乐，却失了道的本性。修行的人，却是与众不同，独自体道合真，难能可贵地坚持着，经营的是生命之本源——道。

第二十一章

孔德之容，惟道是从。道之为物，惟恍惟惚。惚兮恍兮，其中有象；恍兮惚兮，其中有物；窈兮冥兮，其中有精。其精甚真，其中有信。自古及今，其名不去，以阅众甫。吾何以知众甫之状哉？以此。

【释义】

"孔德之容，惟道是从。"孔德就是大德、厚德、甚德、广德的意思。人有大德，行为举止就会遵循道的准则，如有厚德，能载万物。

"道之为物，惟恍惟惚。惚兮恍兮，其中有象；恍兮惚兮，其中有物；窈兮冥兮，其中有精。其精甚真，其中有信。"道生万物，道如果作为具体事物的话，它忽明忽暗，若有若无。道无法名状，但它实际存在并不断地给人以启示，它又似乎难以捉摸，因为它体现在每一个具体事物之中时是那么错综复杂。这些错综复杂的背后，实则包含着一些简单而微妙的东西可以被认知，谁知道了它们，就可以进一步依据它们体会道的存在，把握住它们，就能明白道是真实不虚，存在于万物之中的。

"自古及今，其名不去，以阅众甫。吾何以知众甫之状哉？以此。"无论过去、现在及将来，道都一直存在并永不消失，通过悟道，可以知晓一切事物并无时间空间的差别。如此，可以知晓一切复杂事物的发端源自于道，要想把握事物本源并进一步掌握事物发展，就要依据于道。

修行者如何依据道来修行自己的"大德"呢？当然要"惟道是从"。不要从外物中看物，要看物非物，善于看到纷杂万物所呈现的类象，从类象中看"真物"。因为道虽生万物，但却摸之不得、视之不见，这就是道的本性。体道之人需修炼功夫，似守非守，似无非无，观空亦空，空无所空，恍惚之中，运化自如。法随性转，中若有象，见如不见，方为真象；觉如不觉，内若物存，存如不存，实为真物。知如不知，其中有精，精神内存，乃得其真。

第二十二　化遗盘铭

第二十二章

　　曲则全，枉则直，洼则盈，敝则新，少则得，多则惑。是以圣人抱一为天下式。不自见故明，不自是故彰，不自伐故有功，不自矜故长。夫唯不争，故天下莫能与之争。古之所谓曲则全者，岂虚言哉！诚全而归之。

【释义】

　　"曲则全，枉则直，洼则盈，敝则新，少则得，多则惑。"

于学道来说，修炼能达到筋骨柔软、血脉通畅。于处世来说，大丈夫能屈能伸，委屈才能求全，曲则圆融，圆融才能周全。枉与直也是相对的，行枉者必为趋直，低洼反而能满盈，因低洼才是满盈的前提。破旧催发新生，不破不立。道主张少，少思寡欲，才能让人心智更明，与道合真。人为了贪欲，就会变得复杂，让内心不能清静，大道至简，简则明，多则反生迷乱。

"**是以圣人抱一为天下式。不自见故明，不自是故彰，不自伐故有功，不自矜故长**。"因此，圣人把道作为天下的范式，遵循唯一的道作为法则。圣人身心合一，故成为天下人的模范。不以自己主观意识来判断客观事实，不自我表现，因此反倒明达。不自以为是，有自知之明，才能明辨事理，真理才能彰显。不自我夸耀，反而显得功劳卓著。人在做，天在看，如自表功劳，功劳反而就没有了，真正的功德是无名之功。不骄傲自大的人才能真正让人尊重，与人交往共事才能长久。

"**夫唯不争，故天下莫能与之争。古之所谓曲则全者，岂虚言哉！诚全而归之**。"有道之人不与人争，他的德行可容天下万物，却不执着于一事一物而起争执之心。试问胸怀天下之人，天下又有谁可以与之争呢？古人所说的"委屈反而周全"的话，难道是假话吗？修行者如果能诚心践行，就可以实现它。

第二十三章

希言自然。故飘风不终朝，骤雨不终日。孰为此者？天地。天地尚不能久，而况于人乎？故从事于道者，道者同于道，德者同于德，失者同于失。同于道者，道亦乐得之；同于德者，德亦乐得之；同于失者，失亦乐得之。信不足焉，有不信焉！

【释义】

"希言自然。故飘风不终朝，骤雨不终日。孰为此者？天地。天地尚不能久，而况于人乎？"大道先天地而生，无言无令，能使天地日月流转自然。所以，修行者应当从天地之德中观察道的德行，你看那狂风暴雨，都不可能终日不停地施行下去，天地尚不可能无休无止地施行一事，何况是人呢？所以修行者当学习天地，进而近道，勿需多言，更不可妄语。少些言语表达，多些用心体道才是正事。因为"希言自然"，自然是"希言"的，故天地也是"希言"的，人当从之，做到"希言"。

"故从事于道者，道者同于道，德者同于德，失者同于失。同于道者，道亦乐得之；同于德者，德亦乐得之；同于失者，失亦乐得之。"所以修行者的修行就是遵从于"道"，依"德"而行。体道者，则道与之同在；修德者，则德与之同在。放弃了德而不依于道者，则陷于迷失，永不得真道。道本清静，修行的人遵循道的精神，达到清静无为，道亦感而应之，与之同在。德虽无语，修行的人遵守德的规范，做到处世不争，德必如影随形，加持于他。而一个人一旦失去了"道"与"德"，"失道"与"缺德"就跟定了他。所谓同声相应而同气相求，一切"失道"与"缺德"该有的后果，自然也就找上门来了。

"信不足焉，有不信焉。"此句在提示修行者：如果一个人在修道之时，对道与德未怀有足够的信心，则必然会失掉大道对他的信任，所谓"失者同于失"而"失亦乐得之"。

通篇所指：多言乃是修行的大忌。修行的信念不是用言语去表达的，而是依道而行，行为处事与道合真，与德守一，勿加存疑，方能修行无碍。

第二十四章

　　企者不立，跨者不行。自见者不明，自是者不彰，自伐者无功，自矜者不长。其在道也，曰余食赘行。物或恶之，故有道者不处。

　　"企者不立，跨者不行。"踮起脚尖的人，是无法站稳的；跨开两腿的人，是不能正常行走的。

"自见者不明，自是者不彰，自伐者无功，自矜者不长。"主观臆断的人，是不明智的；自以为是的人，是不能被彰显的；自我夸耀的人，是没有用的；自高自大的人，是得不到尊重的。

"其在道也，曰余食赘行。物或恶之，故有道者不处。"综上所述，从道的角度看待上面这些行为，就如同人吃饱了以后还在吃一样，是多余的行为。这些行为会成修行者的累赘，妨碍修行。圣人不积，不为物累。有道的人正因空无一物，内心光明，故有道的人不会如此处理事情。

如同上一章讲的"多言"一样，"自见""自是""自伐""自矜"，在修行者看来，也是不能同于道的行为，是多余的。修行者当时时自省，勉力戒除。

第二十五章

　　有物混成，先天地生。寂兮寥兮，独立而不改，周行而不殆，可以为天下母。吾不知其名，字之曰道，强为之名曰大。大曰逝，逝曰远，远曰反。故道大，天大，地大，人亦大。域中有四大，而人居其一焉。人法地，地法天，天法道，道法自然。

"**有物混成，先天地生**。"道本无物，如何将道显现出来？只能用物来描述。但道是一个独特的物，它无形、无象、无名、无状，混元凝聚而成，在天地生成之前就产生了。

"**寂兮寥兮，独立而不改，周行而不殆，可以为天下母。吾不知其名，字之曰道，强为之名曰大。大曰逝，逝曰远，远曰反**。"先天地而生的道，它寂静而没有声音，它宏大而没有形体。它有绝对的独立性，它不因为外界环境而改变，周而复始，循环运行而不消亡。从而成为可以支持万物起源的根本。道本寂静空虚，纯粹是天下万物的制定者。我不知道它的名字，只好称之为"道"，再勉强给它取个名字叫作"大"。但这个命名不是道的自身，而是道的名相。道是无边无际的，故称之为大，因其没有边际，所以运动起来绝对自由，自由到无限遥远。但又是始终归于一处的，这就叫作"反"。所谓"反"，即周而复始，生生不息。

"**故道大，天大，地大，人亦大。域中有四大，而王居其一焉。人法地，地法天，天法道，道法自然**。"四大，即道、天、地、人。人作为其中的一大，具体讲来，指的不是人的本体，因为本体是实物，无法以道喻之，能与大道虚无对应的，只有人心。也就是说，人心是可以像大道一样无边无际地自由运动。但它如同大道天地一样，终始是须归于一处的。归于哪一处呢？归于自然。因为，人要修道，需效法于地，地厚德而能载万物，人乃万物之一，当然要效法于地。地则效法于天，地载万物而天覆之，所以，地要效法于天。天则要效法于道，因为，道生天地之前，一气分阴阳，始有天地，天地都有道的本性，所以天地都要效法于道。而道又要效法于谁呢？道自自然然，"独立而不改"，"周行而不殆"，不知其何所生，清虚无我而"我行我素"。所以，道是效法于"自然"的。"自然"并不是指自然界，而是指道的自自然然，独立而无所依的本性。

天地万物效法于道，若问道效法于谁，则应该效法于它自己的自然本性。人的修行，则应效法于天地，行无为自然之大道，遵循道的规律法则去行事。只有如此修行的人，才能够当得起道祖老子所言的四大之名。而这种修行的人，才是人中之翘楚，可以为王。所以有些版本也作"域中四大，王居其一"。上古尧舜时代，确是居道有德者为王。

第二十六章

重为轻根，静为躁君。是以圣人终日行不离辎重，虽有荣观，燕处超然。奈何万乘之主，而以身轻天下？轻则失本，躁则失君。

【 释义 】

"重为轻根，静为躁君。"重是轻的根本，清静主宰躁动。修行者当从中得到启示，慎重是防止轻率的根本，修身处世需稳重妥当，防止轻率失道。应当常清常静，避免心浮气躁，扰乱六神，不利成道。

"**是以圣人终日行不离辎重，虽有荣观，燕处超然。**"圣人，即修行得道之人，他走到哪里都离不开必备的日常生活用品，用车将它们装载好携带着。虽然住在富丽堂皇的宫殿，荣耀显贵，却不以为念，心境超然。为什么呢？因为圣人知道什么才是真正重要的。修行的人，当知道孰轻孰重的道理，抓住重点，修行就不难了。什么是重点？清静自守是重点，"为腹不为目"（第十二章）是重点，有了清静自守之心，鼓噪自消，道心自生。

"**奈何万乘之主，而以身轻天下？轻则失本，躁则失君。**"为什么一个拥有万辆兵车的君主，却只注重自身而轻视天下？这不是轻率的表现吗？轻率容易丢失根本，浮躁容易失去主张。轻率和浮躁，都是失道的表现，焉能长久？

第二十七化临圂宝

第二十七章

善行无辙迹，善言无瑕谪，善数不用筹策，善闭无关楗而不可开，善结无绳约而不可解。是以圣人常善救人，故无弃人；常善救物，故无弃物。是谓袭明。故善人者，不善人之师；不善人者，善人之资。不贵其师，不爱其资，虽智大迷。是谓要妙。

"善行无辙迹，善言无瑕谪，善数不用筹策。"善，是指完美的，真正合乎道的境界，善的根本是自然美好的。真正的善行，合乎大道自然无为的法则，它喻日月善于运行，是沿道而行，顺道而为，所以是无辙迹的。善言是至善的语言，是自然无声之言，不言而表，所以没有纰漏。善数的人，不需要算筹，因为数在道中，有道者，自不拘于筹谋。

"善闭无关楗而不可开，善结无绳约而不可解。"完美的闭锁，如同秋收而冬必藏之，看不出机关在哪里，万物自然归藏而蓄养，这都是与道合一的结果啊！修行之人，应效法于道，神形俱妙，混之一气，气与神合，万念寂然，自然一念不生，达人天合一之妙境。心的止念内观，才是完美的善闭。善结者，像天网一样，虽然看不见绳索，但天地法则，无人可以解脱。

"是以圣人常善救人，故无弃人；常善救物，故无弃物。是谓袭明。"因此，遵道而行的圣人，常怀救人之心，从不抛弃任何人；他善待一切事物，物尽其用，所以没有可抛弃之物。这就是真正体悟了大道的表现。

"故善人者，不善人之师；不善人者，善人之资。不贵其师，**不爱其资，虽智大迷。是谓要妙。**"故此，善人是不善之人的老师。而不善之人则是促使善良之人行善的动力。一个人不尊重自己的老师，不珍惜别人给予的帮助，即使看起来聪明，实则是大大的糊涂。

这些都是紧要的精微妙理，修行者应当珍视。

第二十八章

　　知其雄，守其雌，为天下溪。为天下溪，常德不离，复归于婴儿。知其白，守其黑，为天下式。为天下式，常德不忒，复归于无极。知其荣，守其辱，为天下谷。为天下谷，常德乃足，复归于朴。朴散则为器，圣人用之，则为官长。故大制不割。

"**知其雄，守其雌，为天下溪。为天下溪，常德不离，复归于婴儿。**"知道雄，就能守住雌，做那天下的溪涧。做天下的溪涧，常德就不会离失，就能返回到婴儿般质朴的状态。

作为修道之人，当知天下事，阳中有阴，阴中有阳。于天下而言，阴阳和合而生养万物。于炼养而言，纯阳不杂，知而不采，叫作知其雄；一念不动，如鸡抱卵，叫作守其雌。刚柔相济，抱元守一，甘露玉液如涓涓细流，滋养一身。一言蔽之：如天下之溪涧，柔弱处下；柔弱处下，所以常德不会离失。

所谓常德，阴阳二气和顺于自然谓之常，天道真理昭彰于人事谓之德，即自然平常之德。养一身与治天下一理也：于身而言，身怀常德，阴升阳降，百脉舒畅；于国而言，王用常德，否极泰来，民顺君安。治国与养生，都需要保持阴阳和顺，不离于道，与道合真，就如同让自己返还到初生婴儿时的状态一样。

"**知其白，守其黑，为天下式。为天下式，常德不忒，复归于无极。**"知道光亮，才能够守住暗昧，做那天下的范式。做那天下的范式，常德不会有过错，返回到大道初始时的无极状态。

婴儿气未定，藏未实，皆是虚空，无欲无求。因此知道什么是光亮而能深藏于暗昧，从不炫耀而彰显，如此可以做天下的范式。无极的境界，譬如婴孩之初生，无所点染，沉静深远，暗昧无光，寂静无为，无过无错，此乃"常德不忒，复归于无极"。圣人如婴孩，见境不生情，触物不着相，守真常之德，返归到质朴，与道同伴。

"知其荣，守其辱，为天下谷。为天下谷，常德乃足，复归于朴。朴散则为器，圣人用之，则为官长。故大制不割。"知道荣耀，却能安守于屈辱，可以做那天下的川谷。天下的川谷，能让常德充足，返还到自然朴实的状态。自然朴实的道扩散开来而形成万物，圣人运用自然朴实之道，则成为百官的首长。所以真正的制度是不可割裂的。

"受国之垢，是谓社稷主；受国不祥，是为天下王。"（第七十八章）能替国家承受屈辱的人，是社稷之主；能替国家承担灾祸的人，是天下之王。天下之王，他的德行譬如山谷一般广大，可供天下万物生息。所以他的常德充足至极，足以使万民回归到自然朴实的生活方式中去，这叫作天道畜养的美德。

树木初伐，原始而未经雕琢的整木为朴，解散开来，雕琢而成器，经过雕琢的器物，也就毁坏了天然的质朴。所以圣人用自然纯朴的无为法则，摒弃一切雕琢，让天下达到"绝圣弃智，民利百倍；绝仁弃义，民复孝慈；绝巧弃利，盗贼无有"（第十九章）的大治境界。摒弃政令繁苛，实行大道至简的方法来治理天下，这叫作大制不割。

养生与治国一理，修行之人更是要视己身如朴木，摒弃无用之雕琢，莫执着于外物，常观照于内心，返还至真至朴，达到混元一气，才能与道合真，修真有成。

第二十九章

将欲取天下而为之，吾见其不得已。天下神器，不可为也。为者败之，执者失之。故物或行或随、或歔或吹、或强或羸、或挫或隳。是以圣人去甚、去奢、去泰。

【 释 义 】

"将欲取天下而为之，吾见其不得已。" 如果想巧取豪夺而取得天下，为所欲为，我看那些人最终还是得不到的。于修行

076　　道德经阐微

者而言，修己身如取天下，强行用功妄为，不如守清静无为之功，修清心寡欲之道，才能参悟大道。

"天下神器，不可为也。为者败之，执者失之。"天下，道之所生，承载万物。决策者、统治者要将其看作是神圣的器物，不能妄为，更不能为所欲为。不可强硬地坚持己见而作为，背道而驰，必定失去民心，这叫作"为者败之"。把天下当作自己的东西，放在自己手中不肯放手，失去了公心，也就失去了道，最终也会失掉权力。因为权力是公有的，不可私执，这叫作"执者失之"。圣人以道的无为境界，以众心为心，所以就不会失道，故无败损。不执着己见，就不会失落，得民心则得天下。

"故物或行或随、或歔或吹、或强或羸、或挫或隳。是以圣人去甚、去奢、去泰。"天下万事万物，有前行的，就必有相随的；有吐露的，就必有收纳的；有强大的，就必有羸弱的；有挫败的，就必有毁损的。修行的人明白这些道理，就知道凡事不过分、不多余、去掉奢华、不极端的道理，这就是一名修行者有道的表现。

第三十化演金光

第三十章

　　以道佐人主者，不以兵强天下，其事好还。师之所处，荆棘生焉。大军之后，必有凶年。善有果而已，不敢以取强。果而勿矜，果而勿伐，果而勿骄，果而不得已，果而勿强。物壮则老，是谓不道，不道早已。

【释义】

　　"以道佐人主者，不以兵强天下，其事好还。师之所处，荆棘生焉。大军之后，必有凶年。"依照道的法则辅佐王者的人，不以武力逞强于天下，使用武力这种事必然会因果循环。军队所到之处，荆棘丛生，经过大战之后，一定会出现荒年。

以道安邦，辅佐君主，是顺天心、合民意的。当贤臣，谏真言，定国纲，帮助君主做明君。施行无为而治，达到以道安民，而不以暴残方式来治国安民。战争会因果循环，切不要逞己强，杀人一千，自损八百。不要依靠武力而强霸天下，战争发生过的地方，必会造成巨大的伤害。古代发生战争，人口减员，国力衰退，生产力下降。如今更是有过之而无不及，各种尖端武器带来的伤害，更会使人类陷入万劫不复的境地，所以说"大军之后，必有凶年"。

"善有果而已，不敢以取强。果而勿矜，果而勿伐，果而勿骄，果而不得已，果而勿强。物壮则老，是谓不道，不道早已。"善，好的方法，这里指善于使用武力的人。果，结果，达到目的。已，停止。善于用兵的人，达到了用兵目的就适可而止，不敢用兵逞强。能达到目的，就不要矜持傲慢；能达到目的，就不要耀武扬威；能达到目的，就不要骄傲自大；能达到目的，只因迫不得已；能达到目的，就不要显示强大。成长过快的事物就会马上走向衰弱，这叫作不合于道，不合于道，就会死得很快。

善于用兵的人，能达到用兵的目的也就可以了，决不敢以武力去逞强。"用兵有言：吾不敢为主而为客，不敢进寸而退尺。是谓行无行，攘无臂，扔无敌，执无兵。"（第六十九章）所以，道祖老子认为，使用武力的目的是防御外敌，而不是进攻他人。即使是出于迫不得已而应对了战争并取得了战果，也不可再用武力进一步扩大战果。这是因为圣人爱惜国力民生，知道战争的结局只能使交战双方两败俱伤，并无益于任何一方。这是圣人智慧"以正治国，以奇用兵，以无事取天下"（第五十七章）的具体体现。

一个强盛的国家迅速走向衰亡，往往是因为不懂得用兵之道造成的。若统治者以逞强好胜、巧取豪夺为用兵之目的，而且穷兵黩武，大开杀戒，则与天道好生之德相悖，这种不道的行为必然招致天谴，令其早亡。

第三十一　化起青莲

第三十一章

　　夫佳兵者不祥之器。物或恶之，故有道者不处。君子居则贵左，用兵则贵右。兵者不祥之器，非君子之器，不得已而用之，恬澹为上，胜而不美，而美之者，是乐杀人。夫乐杀人者，则不可以得志于天下矣。吉事尚左，凶事尚右。偏将军居左，上将军居右，言以丧礼处之。杀人之众，以悲哀泣之，战胜以丧礼处之。

【 释 义 】

"**夫佳兵者不祥之器。物或恶之，故有道者不处。君子居则贵左，用兵则贵右。**"上好的兵器，是不祥的。万物都厌恶它，因此有道的人是不会迷恋它的。有道的君子，在平时起居，以左边为尊贵，但应用于军事之时，却注重于右，以右为贵。自古左尊右卑是常理，战时贵右，可见用兵之时即非常之时，不是常态。

"**兵者不祥之器，非君子之器，不得已而用之，恬澹为上，胜而不美，而美之者，是乐杀人。夫乐杀人者，则不可以得志于天下矣。**"兵器是不吉祥的东西，只有到了迫不得已才可使用。而且，即使用兵，也要淡然处之。即便用它取得了胜利，也不必自鸣得意，不去赞美胜利、赞美战争。如果赞美胜利，那就是乐于杀人的表现。乐于杀人的人，天下人共恶之，所以他不会在天下实现自己的意愿。当年龙门祖师邱长春真人不辞劳苦，西行万里，奉劝成吉思汗勿以杀生为乐，取天下当以"敬天爱民，以德治国"为要，成吉思汗听其所谏，万千百姓得以保全性命，从而在历史上留下了"一言止杀"的千古佳话。

"**吉事尚左，凶事尚右。偏将军居左，上将军居右，言以**

丧礼处之。杀人之众，以悲哀泣之，战胜以丧礼处之。" 吉庆之事，礼仪以左为贵，凶丧的事情则以右为尚。军事长官的位置安排，凡是出征时，偏将军位于左边，上将军位于右边，这就是按照丧葬礼仪来对待的。古人按左方为阳，右方为阴。战争之中，杀人众多，当以哀痛之心为之哭泣，即使打了胜仗也要有怜悯之心，以丧礼对待阵亡将士。

第三十二章

　　道常无名。朴虽小，天下莫能臣也。侯王若能守之，万物将自宾。天地相合，以降甘露，民莫之令而自均。始制有名，名亦既有，夫亦将知止，知止可以不殆。譬道之在天下，犹川谷之与江海。

【释义】

　　"**道常无名**"，道，常无名，生于天地前，本无名无象，强名曰"道"。

"朴虽小，天下莫能臣也。侯王若能守之，万物将自宾。天地相合，以降甘露，民莫之令而自均。" 道是质朴的，甚至是微小到不可见的，但天下却没有什么事物能够驾驭道，只有道驾驭着万物。所以，如果王侯能坚守道的朴拙本性，那么世间万物都会自然地顺从他、拥簇他。天地相合，阴升阳降，云行雨施，没有谁去规划它，却能使万物均享恩泽。修行也是一理贯之，抽坎填离，心肾相交，水火既济，百病自消。天、地、人同理，遵循自然法则，使之自然运行，勿以人为驱使，则万事万物自然顺畅，运行不殆。

"始制有名，名亦既有，夫亦将知止，知止可以不殆。譬道之在天下，犹川谷之与江海。" 万物在它们开始的时候，就被制定了相应的名分，名分有了，事物就产生了。那么，有开始就必然有终结，知道有终结，就应当知道在事物发展的过程之中适可而止，知道适可而止，才可以保持长久，而避免殆没。万物的名相都会终结消亡，人也是一样，所以修行的人，就应该学会遵道而行。知止即知常守道，即无为而为，返本还原，与道合一。道无处不在，运行天下，周而复始。好像山川溪谷之水，终将流向江河湖海。

第三十二化摧剑戟

第三十三章

知人者智，自知者明。胜人者有力，自胜者强。知足者富，强行者有志。不失其所者久，死而不亡者寿。

【释义】

"知人者智，自知者明。"知人不易，知己就更难。能了解他人，洞察他人，只是其睿智而已。能了解自己，是需要与自身相区分的。自己的优点与缺点都能用心去反观与超出，方才是明白通达之人。

"胜人者有力，自胜者强。" 胜过别人是在相对比较之下，相对就有一种自然的力量在驱动，但自胜的人更需要力量。人要自信，超越自己，战胜自己，需要更大的意志与力量。

"知足者富，强行者有志。" 知道满足的人才是富有的，修行的人不应当去追求功名利禄、物质财富的占有。在修行者的生命历程中，应当去追求一种清心寡欲、返璞归真、知足常乐的精神，因为这种精神与道合真。一个人应该有很强的意志，这样坚持不懈、努力不怠，才能称其为强。历史上有很多的修行成功者，无不是千磨不退，万难不舍。

"不失其所者久，死而不亡者寿。" 修行者应当不迷失自己的方向，牢记万事以道为根本所在。这样，才能保持长久的修行意志。人之寿，不仅只是肉体生命的长短，修道之人其功德垂范于后世，虽肉身死掉了，但其精神、功绩永远活着，永远不会逝去。因为他们的功德和精神与道合一、与道长存，这就叫作真正的"寿"。

第三十四章

大道泛兮，其可左右。万物恃之以生而不辞，功成而不有。衣养万物而不为主，常无欲，可名于小；万物归焉而不为主，可名为大。以其不自大，故能成其大。

【释义】

"大道泛兮，其可左右。万物恃之以生而不辞，功成而不有。"大道广泛流行，无所不到，万物依赖它长养而它从不推辞，功业成就的时候也不标榜自己有功。此节讲道的广泛流行，无所不容。虽然万物依赖它生存，它却从不以为有功。

"衣养万物而不为主，常无欲，可名于小；万物归焉而不为主，可名为大。以其不自大，故能成其大。"大道养育了万物而不去主宰万物，可以称它为"小"。万物都要归附于它而它不自以为万物之主，可以称它为"大"。正因为它不自以为伟大，所以才成就了它的伟大。

道无私无欲。它如同阳光、空气、水一样，无私地给予万物，却从不要求万物按它的意志去做些什么。它对万物的恩泽太过于平常，乃至于平常到了可以忽略它的地步，所以称之为卑微之小。天下万物都离不开它的滋养，它却不做万物之主，这种美德又可称得上无私之大。

所以，修行者应当遵从道的德行，永远践行谦卑处下之道，以其卑微成其伟大。

第三十五化降外道

第三十五章

执大象，天下往。往而不害，安平太。乐与饵，过客止。道之出口，淡乎其无味，视之不足见，听之不足闻，用之不足既。

【释义】

"执大象，天下往。往而不害，安平太。乐与饵，过客止。"大象，即是大道。当人去执守运用大道的时候，把握大道的自然特性，天下都会向往大道。向往的原因和目标，是道的无为，利而不害，能让天下安享太平。音乐与美食能够满足人们的感官乐趣，它会吸引正在修行中的人驻足不前，沉醉其中，让其成为了修行大道之途的"过客"。

"道之出口，淡乎其无味，视之不足见，听之不足闻，用之不足既。" 大道是无物无状的，所以没有感性的特征。即使用语言来描述它，也是平淡无味的，它并不像音乐与美食那样，刺激和满足着人们的感官欲望。你去观察它，它无法满足你的眼；你去听闻它，它无法满足你的耳；你想要用它，它似乎又没有什么用，这就叫作"视之不足见，听之不足闻，用之不足既"。修行者要知晓，大道无形无象，并不似有形的器物那样，能够直接拿来满足人的感观。但是，它有着无用之大用，它是万物发端之所在，有了形而上之道、形而下之器是自然产生的事情。所以，修行者切勿迷恋于修行过程中看到、听到的那些"乐与饵"，要专注于修行大道，莫生偏差，成为"过客"。

第三十六化日月

第三十六章

　　将欲歙之，必固张之；将欲弱之，必固强之；将欲废之，必固兴之；将欲夺之，必固与之。是谓微明。柔弱胜刚强，鱼不可脱于渊，国之利器不可以示人。

　　"将欲歙之，必固张之；将欲弱之，必固强之；将欲废之，必固兴之；将欲夺之，必固与之。是谓微明。"事物是不

断转化的，阴极生阳，阳极生阴。当事物发展到了极限，就会向反的方向转化。事物将要收拢时，必须先要伸张；事物将要衰弱，必然先会强大；事物将要废弛，必然要经历兴盛；想要夺取，必须付出。这都是事物的微妙规律与变化，那叫作"微明"。

所谓微，即事物不易察觉的变化。所谓明，即事物变化的必然性。微明，即事物发展过程中必然而又不易被察觉的变化规律，修行者应当明白事物发展中那个不易被察觉而又必然的趋向。因为结局发生在动机之后，起因决定后续的机缘，所以根据动机、起因，就可以知道事物的结局，这叫作洞明了"因缘际会"，达到了"微明"境界。

"柔弱胜刚强，鱼不可脱于渊，国之利器不可以示人。"柔能克刚，弱能胜强。鱼的本性离不开水，如果让它离开了水，它怎么能活下去呢？国家的利器是应该隐藏起来的，不可随便彰显，否则就是妄为。看当今世界，争端不休，局部地区战争不断，都是彰显利器的结果。人心惶恐不安，又怎么能够叫作有道的天下呢？为了各自利益而逞强显能，都是无道的表现。

第三十七章

道常无为而无不为。侯王若能守之，万物将自化。化而欲
作，吾将镇之以无名之朴。无名之朴，夫亦将不欲。不欲以静，
天下将自定。

【 释 义 】

"**道常无为而无不为。侯王若能守之，万物将自化。**"道，
永恒长久，周而复始。它清静无为，不作妄为。它以无我无为

的境界，自然顺应、生养万物而又无所不为。修炼之人要效法于道，持守无为的精神品质，从而达到无所不为的自然境界。如果王侯能持守无我无为，顺应自然，那么万物将按照道的规律去自自然然地变化运作，达到天人合一的无为自化。

"化而欲作，吾将镇之以无名之朴。无名之朴，夫亦将不欲。不欲以静，天下将自定。" 万物在化育的过程中，试图发动贪欲而妄作萌发的时候，我就要让它保持住那"无名无象"的初始质朴之态，防止妄想妄为。如此，则不再产生贪欲。无欲，则万物必归于清静的无为大道，天下无为自化，自然有序安定。

第三十八化舍于阗

第三十八章

　　上德不德，是以有德；下德不失德，是以无德。上德无为而无以为，下德为之而有以为。上仁为之而无以为，上义为之而有以为。上礼为之而莫之应，则攘臂而扔之。故失道而后德，失德而后仁，失仁而后义，失义而后礼。夫礼者，忠信之薄而乱之首。前识者，道之华而愚之始。是以大丈夫处其厚，不居其薄，处其实，不居其华。故去彼取此。

【 释 义 】

"**上德不德，是以有德**。"上德，指遵道而行之人，即真正的修行者。上德之人遵道贵德，德化群生。此种修行者至纯至诚，至朴至实，其德若谷，存若不存。因为他并不显得与众不同，有上德而从不彰显，所以叫作"上德不德"。也正因如此，这种修行者修习大道从而成为真正有德之人。

"**下德不失德，是以无德**。"而所谓下德之人，有意而为之，只做表面文章，言必称道，行必称德，生怕做点好事别人不知道，特意地彰显自己的修行。殊不知此种修行乃是一种"下德"，自认为自己处处不失德的标准，实际上已经是无德了。

"**上德无为而无以为，下德为之而有以为**。"上德之人并不以为自己是有德之人，无意有为。下德之人恰恰相反，他本身为了彰显有德，而有意做作，是形式上的作为，而非真正修行者的作为。

"**上仁为之而无以为，上义为之而有以为。上礼为之而莫之应，则攘臂而扔之**。"上仁是无条件发自内心的仁爱或仁慈，无私无我，没有分别心，行为处事并不刻意表现自己的仁厚，

第三十八章　　097

称之为上仁。上义，指如同大道一般无私的正义、公义。它不同于一般的私义那样你有仁我才有义，大公无私之义是出于自然公德情感，而私下并不以为是义，即无私利之义。然而，即便是如此上义，也开始产生分别心，因为人不可以代替道来判别义与不义。即使是大道，也从来无心分辨什么是义与不义。义即宜也，宜与不宜都是人站在自己的角度想问题的方式。所以，上义虽然看似出于公心，实际上则已经离道的大公之境界很远了。

所谓上礼之人的作为，离大道就更加遥远了。他们不仅有所作为，甚至大肆妄为，妄想"替天行道"，强行制定些规矩来让人遵守，但是却经常陷入无人响应的尴尬境地。因为，"礼"是在人为教条下产生的，容易僵化，难以随着时代的变化而及时更新。于是，虽然上礼之人之所为，也可能是出于好心，却终归难免有私心，容易产生主观臆断，进而妄想妄为，甚至在不得已的情势下，强人所难，逼人就范。所以说，礼不分上礼下礼，只要产生于人为，则去道者远矣，不可为道。

"故失道而后德，失德而后仁，失仁而后义，失义而后礼。夫礼者，忠信之薄而乱之首。"道德仁义礼，是由前到后、从高到低的一个产生过程，是一个由道的自然无为之境，直到人的有为妄为的变化过程。道是根本，这个根本失去了之后，人便开始追求德。德失去之后，人开始提倡仁义。义失去之后，礼就被发明出来了。然而，一个社会如果开始强调形式上的秩序与规矩了，也正说明这个社会已经丧失了内在的秩序与规矩，也即丢失了清静无为的常道，那就彻底失道了。

"前识者，道之华而愚之始。是以大丈夫处其厚，不居其薄，处其实，不居其华。故去彼取此。"所谓前识者，即在大道废后，倡导仁、义、礼的人。这些人的作为，是大道衍进过程中的虚华表象，也是愚昧的开始。有鉴于此，遵道修德的大丈夫，为人处世，立足根本，而不浮于表面，追求实在的真理而不在乎外在的形式。

此章节是专论德的，修行的人应当常常以此章节所示道理反省己身，修道者不可追求形式上的浮华，不可拘泥于教条规矩，要去掉礼教、仁义的虚伪，回溯大道根本，常守虚静无为，远离一切妄想妄为，自然清静，才是真正的上德之德。

第三十九章

　　昔之得一者：天得一以清，地得一以宁，神得一以灵，谷得一以盈，万物得一以生，侯王得一以为天下贞。其致之，天无以清将恐裂，地无以宁将恐发，神无以灵将恐歇，谷无以盈将恐竭，万物无以生将恐灭，侯王无以正将恐蹶。故贵以贱为本，高以下为基。是以侯王自谓孤、寡、不谷。此非以贱为本邪，非乎？故致数誉无誉。不欲琭琭如玉，珞珞如石。

"昔之得一者：天得一以清，地得一以宁，神得一以灵，谷得一以盈，万物得一以生，侯王得一以为天下贞。"一，即是道的别称。道乃是阴阳未分，一气凝然所成，故称之为一。自古以来，凡是得道的事物，如天得道而清明，地得道而安宁，神得道而空灵，空谷得道而丰盈，万物得道而保持生机，侯王得道而公正，这些都是得道的表现。

"其致之，天无以清将恐裂，地无以宁将恐发，神无以灵将恐歇，谷无以盈将恐竭，万物无以生将恐灭，侯王无以正将恐蹶。"由此推而言之，这些事物如果失道的话，天将失去清明导致崩裂，地将失去安宁导致废弃，神将失去空灵导致中歇，空谷失去丰盈导致枯竭，万物失去生机导致灭绝，侯王失去公正导致覆灭。

"故贵以贱为本，高以下为基。是以侯王自谓孤、寡、不谷。此非以贱为本邪，非乎？故致数誉无誉。不欲琭琭如玉，珞珞如石。"因此尊贵以卑贱为根本，崇高以低下为基础。所以侯王自称为失群的人、孤独的人、不善耕作的人，这就是他虽然身处尊贵而不忘根本的写照啊！难道不是这样吗？因此最高的荣誉无须赞誉。修行者不追求做外表光泽的美玉，而宁愿去做一块实在的石头。要知道，美玉也是石头自然变化而成的，连石头都做不成，又怎能做得成美玉呢？换言之，修行者甘做一块坚石，是处道守一的表现，成为美玉虽非其目的，却能自然达到。这也是"贵以贱为本，高以下为基""数誉无誉"给我们的启示啊！

第四十化显诸国

第四十章

反者道之动，弱者道之用。天下万物生于有，有生于无。

【 释 义 】

"反者道之动"，反，返回，往返，循环往复，是道的运动方式。道的动因及动力，来自于自然的循环往复，即第十六章所讲的"复命曰常"。徐徐而进、生生不息、周而复始、无始无终是道运行的几个基本规律。

"弱者道之用"，万物此一弱而彼一强，此时一弱而他时必有一强，万物知其弱方可用其强，用其弱从而使其强。因此"弱"是大道的功用，"强"则是大道往复的必然结果，所以叫作"反者道之动，弱者道之用"。

　　"天下万物生于有，有生于无。"明白这个道理的人就知道，万物虽然产生于实名实象的有，但有却不是万物最开始的发端。因为有生于无，这种无不是真空真无，而是在有产生之前，不易被人察觉的一种萌发将始的状态。有生于无，又终于无，无又产生新有，如此周而复始，永不停止。

　　从修道的层面来阐述，人修真是要从后天返回到先天的，返本还原即是真，返本探源才是得道的途径。想达成修真的目的，必须要"返"，怀柔处弱，谦卑低下，不争无为，这些都是道的特征，是修真者需要返回到的本原。

第四十一章

　　上士闻道，勤而行之；中士闻道，若存若亡；下士闻道，大笑之。不笑不足以为道。故建言有之：明道若昧，进道若退，夷道若纇。上德若谷，大白若辱，广德若不足，建德若偷，质真若渝。大方无隅，大器晚成，大音希声，大象无形。道隐无名。夫唯道，善贷且成。

"上士闻道，勤而行之；中士闻道，若存若亡；下士闻道，大笑之。不笑不足以为道。"上士指的是修行者，这种人大智大慧，大有根基，听闻大道，便勤加修证实践。中士是修行不坚定者，他们大多将信将疑，时而觉得道是真实不虚的，需要认真参悟和修炼来实践道的真谛，时而又怀疑甚至否定道的存在，将修行搁置一边，荒废时光。下士是谈不上什么修行的，这是一群未开智慧的愚昧之人，愚昧的人即使有缘听闻大道，也根本不会相信大道的存在，他们还会大声嘲笑。如果不被愚昧与无知者嘲笑，那么大道也就不足称道了。

"故建言有之：明道若昧，进道若退，夷道若纇。上德若谷，大白若辱，广德若不足，建德若偷，质真若渝。"建言，即自古就传下来的谚语，在道祖老子时代就已经有了：明白通达的道看上去是糊涂昏暗的；向前进的道看上去是往回退的；平坦的道看上去充满崎岖；真正的上德看起来空空如也；真正的洁净看起来却很污浊；遍行天下的德看起来存在着不足；建立德行的过程看起来是悄无声息的；质朴真实的看起来却变化无常。

从修行的角度讲，有个相反相成的道理在其间：但凡有道的修行者，在修行的过程中明明是进步了，却反而看起来是在退步，因为修真是返行回溯的过程。明明是行于大道的坦途之上，却要保持小心翼翼，就仿佛是行走在崎岖小径之上，因为修行者深知修习大道之艰难，时刻保持戒备。

上德之士，不以为有德，不显其德，不彰己德。高尚的德，宽广得犹如空旷的山谷，可承可载。上士之人，洁净与污浊的区别在于内，而不在于外，所以修行的人多能忍辱负重，有甘当污秽的美德。上士厚德之人广施德行仍嫌远远不够，因为被施行者的需求是无穷无尽的。修行者在建立德行的过程中，要保持"建德若偷"的心态。什么是"偷"？一是悄无声息的意思，二是以被偷的结果来形容有亏缺的样子。所以立德的过程，应该全程保持悄无声息般的无为，自始至终保持虚静，不满足、不张扬。修真的人，其德行如一，恪守大道，虽然纯真无瑕，却知变易、善变通，能够像水一般随方变化。

"大方无隅，大器晚成，大音希声，大象无形。道隐无名。夫唯道，善贷且成。" 地之大方无边，万物长养于斯，却看不到边角在哪里，这叫作大方无隅；有大用之器，总是需要时间来成就的，这叫作大器晚成；大自然非人为的声音称之为"音"，而人为发出的声音则称之为"声"。最强劲有力的声音不是依靠人喊叫出来的，而是深入人内心深处的那些"声音"，这叫作大音希声；最普遍的类象却没有什么具体形式来呈现它，因为它能概括包容任何具体的事物，但拿任何一个具体的事物去表现它都是不充分的，这叫作大象无形。这些都与道的特性相符，道作为天下四大之一（道大、天大、地大、人亦大），因其自身大到无边无际的缘故，让它看起来像是隐匿不可见的。它虽然无名无象，但恰恰是它的虚无一物，才给予了万物以生机，并促成了万物的生成。

修行者应当勤悟道、勤修道、勤体道、勤行道。唯有修习成大道一般的大视野、大心胸，方能成就大格局。

第四十二章

　　道生一，一生二，二生三，三生万物。万物负阴而抱阳，冲气以为和。人之所恶，唯孤、寡、不谷，而王公以为称。故物或损之而益，或益之而损。人之所教，我亦教之。强梁者不得其死。吾将以为教父。

【释义】

　　"道生一，一生二，二生三，三生万物。万物负阴而抱阳，冲气以为和。"道虚无守静，混元凝成，处于静态。静极生动，动则生一，一气分阴阳，就是二，阴阳相融生和气即为三，造化万物。所以万事万物都包含了阴和阳两个方面，所谓孤阳不生，孤阴不长。

"人之所恶，唯孤、寡、不谷，而王公以为称。故物或损之而益，或益之而损。人之所教，我亦教之。强梁者不得其死。吾将以为教父。"人们通常厌恶孤、寡、不谷等称谓，而王公却喜欢用这些称谓自己。因此，事物往往在减损后才有增益，或者增益后才会有减损，这些都是事物不断转换的结果。修行者当保持谦卑，因为看似贬损自我的谦卑，实际上在修行的过程中总是能令人有所受益。这些都是有道之人留下的教导后人之真理，我也用它来教化世人。

弱与强是不断对向转换的，修行者保持柔弱，实则是永远不把自己置于危险的境地啊！因为强横残暴之人是不得善终的，这叫作"强梁者不得其死"，我把这句话作为劝化世人的格言。

第四十三化示胜相

第四十三章

天下之至柔，驰骋天下之至坚，无有入无间，吾是以知无为之有益。不言之教，无为之益，天下希及之。

【释义】

　　"天下之至柔，驰骋天下之至坚，无有入无间。" 天下最柔弱的东西，可以驾御最强硬的东西。道祖老子以水喻道，水虽至柔，却无孔不入，无坚不摧。天下还有些东西是看不见摸不着的，却能够深入没有间隙的东西中去，比如时间，能够化解一切当下无解的问题与矛盾，为什么？因为任何问题与矛盾，总归会有个转化的解决过程，所有的矛盾，无非是个时间问题。

"**吾是以知无为之有益**。"有道的人知道如水一般"动善时"（第八章），善于把握合适的时机去行事，这些道理令我深深地明白了无为的益处。

"**不言之教，无为之益，天下希及之**。"身教胜于言教，不言之教与无为的益处，天下鲜有人能真正做得到。

第四十四试徐甲

第四十四章

　　名与身孰亲，身与货孰多，得与亡孰病。是故甚爱必大费，多藏必厚亡。知足不辱，知止不殆，可以长久。

【释义】

　　"名与身孰亲，身与货孰多，得与亡孰病。是故甚爱必大费，多藏必厚亡。"人的名声与性命相比，哪个更加亲切？性命与财货相比，哪个更加重要？得到与失去相比，哪一样的弊端更大呢？修行的人应当明白，名的作用仅仅是区分身份，财的功能不过是滋养性命，人不得不有之而已。但是，当人把这些外在东西当作必然与必需，过分无休止地去追求这些外在之物的时候，耗损的则是自己内在的元气元神，外在得到的越多，内在失去的就越多，直到内外需求严重失衡的时候，才发现得不偿失，悔之晚矣，这就是"得与亡孰病"的道理。知道了这个道理，就能得知，过分的追求必然导致过分的损耗，有得必有失，得到的越多，失去的也就同样多，不如学习圣人"为腹不为目"（第十二章），保持内外需求的平衡即可。

"知足不辱，知止不殆，可以长久。" 人们知道知足就不会受到羞辱。只有做到内心充足、宁静恬淡、少私寡欲，也就不会受到侮辱。只有知道适可而止，就不会遭受危险。如果能做到这样，便可长久生存。

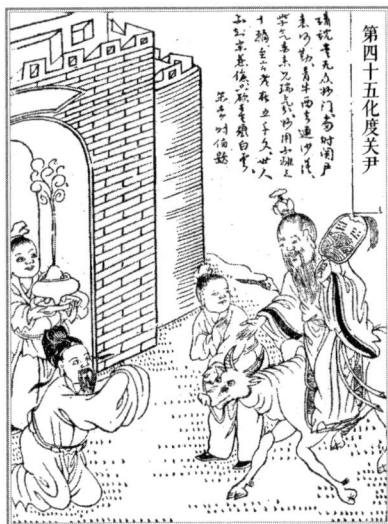

第四十五章

大成若缺，其用不弊；大盈若冲，其用不穷。大直若屈，大巧若拙，大辩若讷。躁胜寒，静胜热。清静为天下正。

【释义】

"大成若缺，其用不弊；大盈若冲，其用不穷。"大成者，完美成就。最完美的成就乃是自然天成，但它看起来是有所欠缺的。也正因为有所欠缺，所以它的作用才不会衰竭。最完满的事物好像是空虚的，也正因为它的空虚，它的功用才永不穷尽。因缺方可补足，因虚才能填实，生化长养万物的动力是缺失和虚空。如果事物一开始就是无缺无空的，那么万物就失去了往复前进的动力，正是因为有缺失的存在，所以万物才能充满生机。所以说，有所缺失，才是大道的体现，缺失的功用才是无穷尽的。

"**大直若屈，大巧若拙，大辩若讷**。"最直的东西好像是弯曲的，最巧妙的东西好像是笨拙的，最善辩者好像不善言辞，修行者当从相反相成的道理中得到启示。在修行中，处世以曲为直，不可投机取巧，试图走捷径，最笨拙的办法就是真正大巧的方法。修行者当一心一意从生活点滴中去体悟大道，实修大道，少些能言巧辩，多言不如多行，修行修行，修而行之，行道比论道更能体现道的功用，更能体会道的妙用。

"**躁胜寒，静胜热。清静为天下正**。"剧烈运动能够驱走寒冷，安静下来能够祛除身上的燥热。躁属阳，静属阴，阴阳之间相互辅正，阳不离阴，阴不离阳，合气以为正道。天下纷扰甚多，狂热甚多，躁多于静，则必以清静合之。天下皆守清静，则纷扰愈少，狂热渐消，万民无为自正，天下安宁。

第四十六章

天下有道，却走马以粪；天下无道，戎马生于郊。祸莫大于不知足，咎莫大于欲得。故知足之足，常足矣。

【释义】

"天下有道，却走马以粪；天下无道，戎马生于郊。"一个有道的天下，战马退回到农田用于耕种。一个无道的天下，就连怀孕的母马也会被拉上战场去参战，生下来的小马驹也被当作战马使用。

"祸莫大于不知足，咎莫大于欲得。故知足之足，常足矣。"
一切的祸因，都是因为人心永不知足的欲望。一切的罪过，其根源都在于为了满足无休止的占有欲。所以，知足才是真正的满足，常怀知足的心态处世，就从来没有什么不足。

于修行者而言，更应真常知足，保持清心寡欲，降其贪嗔痴念，达到虚静心明，神满气足，道气长存。

第四十七化窥天垣

第四十七章

　　不出户，知天下；不窥牖，见天道。其出弥远，其知弥少。是以圣人不行而知，不见而名，不为而成。

【 **释义** 】

　　"不出户，知天下；不窥牖，见天道。其出弥远，其知弥少。"有道的人即使不走出屋去，也能据道而推知天下事，即使不窥看窗外，也能了解天地的法则。人走出去越远，认知的道理往往就越少。我们常说，读万卷书、行万里路的道理，似乎要通晓知识，出去走得越远，了解的东西就越多越好，其实不尽然。如果没有一双明辨道理的眼睛和一颗明辨道理的心，盲目地走出去看世界，只会看得眼花缭乱，无所适从。这就叫作"其出弥远，其知弥少"。而有道的人，首先得到的是整个宇宙都要遵守的大道法则，有了大道作为依据，即使不去看那些具体的事情，也能据理推论出事物的必然发展，这叫作"不出户，知天下；不窥牖，见天道"。所以修行者当先修习大道根基之所在，返视内听筑功夫，即可探知道的法则、万物的基本规律，从而不会被纷乱的外物所迷惑，即便是不借助外物，也能够达到天下万事万物了然于胸的境界。

"是以圣人不行而知，不见而名，不为而成。" 因此，得道的人，不远游而能知晓天下事，不看见却能明察秋毫，不作为反能有成就，这些只不过是顺道而行的结果啊！

第四十八化锡妙方

第四十八章

　　为学日益，为道日损。损之又损，以至于无为，无为而无不为。取天下常以无事，及其有事，不足以取天下。

　　"为学日益，为道日损。损之又损，以至于无为，无为而无不为。"为学，是指知识层面的学习，是一个不断增加学识的过程。而为道，则是指智慧层面的修行，是一个不断减损学

识的过程。修行的目的，是为了深入探索万物内在的运行规律，所以，为道的过程与为学正好相反，需要将学到的知识重新规划、妥善运用，这个过程看起来是不断减损的过程。有些知识需要不断地被质疑推翻，从而产生新的知识。有些知识则需要被不断总结、压缩、整理，由表入里，归之于道，将学到的知识用于印证道，最终守一于道。如此就能做到上章讲到的那种"不出户，知天下"的境界，这种境界可以称得上有道的境界。在有道的境界里，修行者看似无所作为而无所不为，这叫作"无为而无不为"，顺道而为罢了。

"取天下常以无事，及其有事，不足以取天下。" 从治国来说，就应遵照无为的理念去治理天下，以宁静无事为最好的常态。如果政令繁杂，事出多头，百姓无所适从，则一定是治理国家的人妄作妄为了。妄为多事，是得不到天下的。

第四十九化谕冲举

第四十九章

圣人无常心，以百姓心为心。善者吾善之，不善者吾亦善之，德善。信者吾信之，不信者吾亦信之，德信。圣人在天下歙歙焉，为天下浑其心，百姓皆注其耳目，圣人皆孩之。

【释义】

"圣人无常心，以百姓心为心。"圣人永远没有私心，他以百姓的愿望为自己的愿望。圣人没有分别心，不会以分别心去看待百姓。

"善者吾善之，不善者吾亦善之，德善。信者吾信之，不信者吾亦信之，德信。"善良的人，我自然善待之，而不善的人，我依然善待之，如此才能创造一个人人向善的环境，这叫作"德善"。诚实守信的人，我用诚实守信对待之，不诚实守信的人，我也用诚实守信对待之，如此才能促成一个人人守信的环境，这叫作"德信"。

修行者要做到相互间的善待，相互间的守信是容易的事情。但要做到人不善，我还以善待之，人无信，我仍以信待之。每一名修行者要切实从我做起，去疑存信，做出榜样，影响带动不善、不信之人，这样就不会恶性循环。当人人如此去做的时候，天下就能达到"德善"与"德信"的美好境界。

"圣人在天下歙歙焉，为天下浑其心。"圣人在治理天下时，会收敛欲望，放弃主观臆断，与道合真，无欲无我。这样会让天下百姓自然浑同一心。

"百姓皆注其耳目，圣人皆孩之。"世俗之人，用自己的耳目主见来判断事物好坏，竞相使用机巧聪明。但圣人则像孩儿一样，心地纯朴、持守童真，不去助长百姓的机智，如此就是无为而治。

修行的人得知此理，应常守虚静，勿动智巧。首先要做到不轻易被世人的智巧所蛊惑迷失，进一步还要做到放弃分别心，以身作则，引领周边的人放弃心机智巧，返归朴实自然。

第五十章

　　出生入死，生之徒十有三，死之徒十有三，人之生，动之
于死地亦十有三。夫何故？以其生生之厚。盖闻善摄生者，陆
行不遇兕虎，入军不被甲兵。兕无所投其角，虎无所措其爪，
兵无所容其刃。夫何故？以其无死地。

【释义】

　　"出生入死，生之徒十有三，死之徒十有三，人之生，动

之于死地亦十有三。夫何故？以其生生之厚。"人的生命从一出生开始，就同时步入了死亡的进程，这叫作"出生入死"，也是自然法则。生者死之门，死者生之户，有形必有坏。从修炼看待人的生与死，先天一气落入命宫，三关九窍相随，各有各因。先天根基好而能得长寿者，十之有三；先天根基不佳而必然早夭者，也是十之有三；先天根基不错，本来可以长寿的，但过于重视生命，反而加速了死亡的进程，这种情形也是十之有三。为什么会如此呢？因为过度的重视，反而使心态失衡、患得患失，不断地对生命进行不必要的养护。比如不重视内丹的修为而妄求于外丹来延年益寿，不相信肉身必死、精神不亡的自然规律，期盼着不现实的长生不死等，不相信"死而不亡者寿"（第三十三章），这些都是违反大道基本法则的。所以准确地说，这些人并非死于理所当然的先天之命安排，实是死于对大道的无知，死于自己妄为而徒劳的折腾啊！殊不知，大道无非自自然然，安于天命，守于常道，无妄作妄为而已。

"盖闻善摄生者，陆行不遇兕虎，入军不被甲兵。兕无所投其角，虎无所措其爪，兵无所容其刃。夫何故？以其无死地。"善于修行的人，唯道是从、心不离道、神不妄为、意着清静，可称其为得道善生之人。典籍中记载的"道高龙虎伏，德重鬼神钦"，指的就是此类得道修行人。修道虔诚之人，在野外行走，不会遇到凶恶的犀牛猛虎，不会被武器伤害到自己。犀牛用不到它的尖角，老虎也用不到它的利爪，各种兵器没有使用的机会。这又是为什么呢？是因为修行得道的人，掌握了道的法则，破解了生死的密码，对于万物及自己的生死了然于胸，不会将自己投入死地。所谓劫数未到，又何惧螭狼虎豹？历史上得道高人刀枪不入、虎狼不侵的故事多有所闻，并非奇事。只是这些人得悟了大道，看透了因果，了断了生死而已。他们是真正的得道者，是十之有九之外的那十之有一者，是真正跳脱了先天命运安排而又修得了后天性命的人。跳脱了先天命运束缚的人，岂不就是神仙？

第五十一章

　　道生之，德畜之，物形之，势成之。是以万物莫不尊道而
贵德。道之尊，德之贵，夫莫之命常自然。故道生之，德畜之，
长之育之，亭之毒之，养之覆之。生而不有，为而不恃，长而
不宰，是谓玄德。

【释义】

　　"道生之，德畜之，物形之，势成之。是以万物莫不尊道

而贵德。"道是万物的本源，它生养着万物，是一个从无到有自然不断生长的过程。德是道的积累与实现，是物的构成及特性。道生化万物，德长养万物，万物自然而然，形成不同的态势，凭借自然的力量而成就物的自我本性。所以，万物也都尊重道而又崇尚德。

"**道之尊，德之贵，夫莫之命常自然。**"为什么道、德如此尊贵呢？因为道与德本身是无为的，质朴的，对万物是顺应自然的，从不发号施令，总是令万物依靠自身的力量去自然而然地长养化育。

"**故道生之，德畜之，长之育之，亭之毒之，养之覆之。生而不有，为而不恃，长而不宰，是谓玄德。**"因此，道生发万物之后，德继而承之，负责万物的长养化育。德安定万物之神，使万物凝其神而聚其气（亭之），聚其气以成其势（毒之），成（亭）而熟（毒）之，养之灭之，一应听其自然。万物都依靠"德"自然而然地长养化育，"德"却从不将万物占为己有，为万物操劳而不恃己能，长养万物而并不试图主宰万物，这些特性与大道同，所以这样的德就叫作"玄德"。玄德，幽深久远，永不磨灭。

第五十二章

天下有始，以为天下母。既得其母，以知其子。既知其子，复守其母，没身不殆。塞其兑，闭其门，终身不勤；开其兑，济其事，终身不救。见小曰明，守柔曰强。用其光，复归其明，无遗身殃，是谓袭常。

【释义】

"天下有始，以为天下母。"天下本始，是天下之根源。天下的本始是什么呢？是道，所以，道即是天下的根源。

　　"既得其母，以知其子。既知其子，复守其母，没身不殆。" 既然知道根源所在了，根源所派生的自然也就清楚明白了。道派生了万物，知道即可知万物，反过来讲，知道万物始生于道，那么修行的人回归本源去守住道，就可以藏身而无险。于炼养而言，人天同理：一气之初称有始，即人的先天之灵，先天为母。灵性未动之时，先天的神、性守于一，灵性既动，则气动而命生，启发后天之命，命即是先天灵性之子。修行之人，常将后天之命返于先天之性，复归先天之性，使先天之神复于灵。神养于气，母养于子，神气相依，元神内存，元气内守，母子相依，自然天地不坏，生命长久。

　　"塞其兑，闭其门，终身不勤；开其兑，济其事，终身不救。" 兑，意指口舌、漏洞。门，意指心门，后天意识的出入之径。这里告诉修行之人，封闭住口舌停止妄言，关闭了心门守神一处，终身勿使感官劳作。修行人要有"止语"的功夫，要关闭六门，即眼、耳、鼻、舌、身、意，此六种感官的出入所在，也称六贼或六害。它们是产生欲念的途径，祸害人的元神元精，消耗人的元气。修炼之人须防之又防，紧守三宝（精、气、神）不被劫贼夺走，方能成就大道。得悟大道，是不需要感官认识的，而且要努力戒除感官带来的困惑。反之，口舌鼓噪，妄言妄想，心神必乱，是非出入，无事且生事，事事皆是非，扰人清静，神不安宁。如此，则难返先天之性灵，永远沉沦于世事之中不可自拔，终身不得解脱，便致无药可救。

"见小曰明，守柔曰强。用其光，复归其明，无遗身殃，是谓袭常。" 修行者体察入微、见微知著叫作"明"；坚守柔顺、以柔克刚叫作"强"，这些都是道的智慧。修行的人用道的智慧去照见万物，则万事万物莫不能清楚明了，如此就没有什么能伤害到自己的灾祸了。这些都是承袭前世、继于当世而永续后世的恒永之道啊！

第五十三章

使我介然有知，行于大道，唯施是畏。大道甚夷，而民好径。朝甚除，田甚芜，仓甚虚。服文彩，带利剑，厌饮食，财货有余，是谓盗夸。非道也哉。

【释义】

"使我介然有知，行于大道，唯施是畏。大道甚夷，而民好径。"即使我对事物有了深刻认识，在依据大道修行时，还是会害怕因为胡乱作为而误入歧途。因为大道虽然平坦，但一般人却喜欢走捷径。修行无捷径，最快捷的修行之路就是老老实实按照道的指引去做，顺应自然，如水一般"居善地，心善渊，与善仁，言善信，政善治，事善能，动善时"（第八章），无为而无不为，无功而功自成。想速成其道者，反而动了妄念，这种妄念如决堤之水，与清虚守静的大道相悖，不成其功反受其害。"飘风不终朝，骤雨不终日"（第二十三章），古谚有云："天作孽，尤可违。人作孽，不可活。"上天的非常举动都未可长久，人要走错路就是自寻死路——修行者要行大道，切莫走"捷径"。

"朝甚除，田甚芜，仓甚虚。服文彩，带利剑，厌饮食，财货有余，是谓盗夸。非道也哉。" 再看那些走邪路的人，把天下搞得朝政废除，田地荒芜，仓库虚空。而他们自己呢？还穿着华丽的衣服、佩带锋利的长剑、饱餐丰盛的饮食、积累盈余的财富，这简直就是大盗！不是正道啊！

为什么不是正道呢？因为这些行为是典型的"贵难得之货"而"使民为盗"的作为啊！看看贵难得之货所带来的对比差距：一边是朝政的荒废与滥行，一边是代表着权力的华服和利剑；一边是田地荒芜的水深火热，一边是饱食终日的无所事事；一边是仓库空房，一边是金玉满堂——这样恣意妄为的行为，扰乱了民心，搅乱了清静，妨害了大道流行，使歪门邪道盛行。不是歧途又是什么？修行者当时刻警醒，勿被外物迷惑而丢掉清静无为的大道修为。所谓一念天堂、一念地狱，"夷道若纇"（第四十一章），大道虽平坦，一路却充满考验。

第五十四章

　　善建者不拔，善抱者不脱，子孙以祭祀不辍。修之于身，其德乃真；修之于家，其德乃余；修之于乡，其德乃长；修之于国，其德乃丰；修之于天下，其德乃普。故以身观身，以家观家，以乡观乡，以国观国，以天下观天下。吾何以知天下然哉？以此。

"**善建者不拔，善抱者不脱，子孙以祭祀不辍。**"善于建立的，必不可拔除；善于抱定的，必不可脱离。如此，后世子孙世代祭祀不会断绝。建立和抱定什么呢？当然是道。坚忍不拔而抱定信念地去修行大道，这种精神叫作坚持。这种精神影响到后世，子子孙孙也能坚持不辍地奉行，这才能够称之为信仰。过去有道之士在传道中，受道者在神前发誓"抱道而亡"，哪怕至死也不会脱离道的修行者，才是真正信仰者，而他的精神永存，值得后人尊敬和祭祀。后人尊敬与祭祀这种精神，也是信仰的表现，这就叫"子孙以祭祀不辍"的真信仰。

"**修之于身，其德乃真；修之于家，其德乃余；修之于乡，其德乃长；修之于国，其德乃丰；修之于天下，其德乃普。**"将这种修道的精神用于自身的治理，则自身得其本性真身；用于一家的治理，则一家得其吉庆有余；用于一乡的治理，则一乡得其长治久安；用于一邦的治理，则一邦得其富足丰饶；用于天下的治理，则天下得其普天升平。这些都是坚持道所呈现出来的德，也是坚持道所必然收获的德。

"**故以身观身，以家观家，以乡观乡，以国观国，以天下观天下。吾何以知天下然哉？以此。**"因此，以此家观照彼家，以此乡观照彼乡，以此邦观照彼邦，道理都一样。而我将天下事物视为一体来观照，这就是我能知晓天下万事万物的方法。观，即观照，是修行者悟道的重要方式。同类事物，通过此一物观照彼一物，通过此一处观照彼一处，通过此一时观照彼一时，这些都是观照的一般方式，即彼与此对比观照。

修行者另有一种内外观照法，即观照天下所有事物的内在真性与外在表象的关联与不同，进而了解所有事物的实质。如此这般的观照，是将天下万物视作一体的观照。以天下论，万物一体两面，外在形式千姿百态，内在实质却归一于道。修行者要知尽天下事，不必阅尽天下事，因为生命有限而知无涯，阅尽天下事而知天下是不现实的，即令天下事阅尽，没有通过事物表象看到内在本质的阅尽，也是不可能做到真正的知天下。真正的知天下，是善于依据道的法则去观照万物，透过事物纷杂的外表去深入了解事物简单的实质，这种观照方式才是修行者观察世界的方法。

以己身论，一身亦是一天下，也有内外殊异。外在假我千奇百怪，内在本我却真性如一。所以，修行者要修真悟道，需要不断返观内视，向内观照自己的本我内心，往前观照自己的初心真我，才能不迷于外事假我，与道合真。

第五十五章

　　含德之厚，比于赤子，蜂虿虺蛇不螫，猛兽不据，攫鸟不搏。骨弱筋柔而握固，未知牝牡之合而朘作，精之至也。终日号而不嗄，和之至也。知和曰常，知常曰明，益生曰祥，心使气曰强。物壮则老，谓之不道。不道早已。

【释义】

　　"含德之厚，比于赤子，蜂虿虺蛇不螫，猛兽不据，攫鸟不搏。骨弱筋柔而握固，未知牝牡之合而朘作，精之至也。终日号而不嘎，和之至也。"厚德之人，犹如初生的婴儿。蜂蝎毒蛇不螫伤他，凶鸟猛兽不搏击他。你看那初生的婴儿，筋骨柔弱无力，但双拳却紧握。还不知道男女交合之事但生殖能力却能勃发，这都是精气纯正而充足的表现。他整天号哭不止，却不见他声音嘶哑，这是元气调和如一的表现。

修行之人，需积厚德，如同初生婴儿那样，养太和之气，无知无识，无欲无念，外物所不能侵扰。赤子之心常用来比喻内心纯真如一，赤子若有心，其心必外不钟情于万物，内不多情于我身。外欲不扰则内达清虚、骨骼柔软、筋脉通畅、忘人忘我。不知我之有身，忘我之有形，常归于虚静，既不知人我，又哪里知道牝牡之合而朘作呢？不过是以赤子真阴之身，发动真阳，精气纯正不驳，冲气以为和而生一气之纯真而已。赤子有心若无心，纯真精气能聚而不散，握拳守之，故能久号不嘎。所以，修道的方法是要返修到如婴儿一般，人我两忘，至纯至真。

"知和曰常，知常曰明。益生曰祥，心使气曰强。物壮则老，谓之不道。不道早已。"既然知道和气生纯真的道理，就该将之视作常态常理，常常修持不断，如此就叫作明了。冲阴阳之气和于一处而纯真不散，则生生不息，这叫作祥。妄心主宰而神耗气散，则叫作强。过分让心气逞强，其势则壮，万物就迈进了衰老乃至消亡的不归路，这叫作"物壮则老"。事物发展到极致就会走向衰亡，这是本真被伤的必然结果，这叫作"不道"。不道者，必然早消亡。

第五十六章

知者不言，言者不知。塞其兑，闭其门；挫其锐，解其分，和其光，同其尘，是谓玄同。故不可得而亲，不可得而疏；不可得而利，不可得而害；不可得而贵，不可得而贱，故为天下贵。

【释义】

"知者不言，言者不知。"知道的人是不言说的，因为言说所能表达的都是有缺陷的。所以言说的人，或者无法完全地描述道，或者根本不是真正知道的人。

"塞其兑，闭其门；挫其锐，解其分，和其光，同其尘，是谓玄同。" 第五十二章中讲到塞其兑、闭其门，告诉我们塞住是非口、闭住欲望门、防止六贼六害入侵的重要性，这里继续强调修行人挫其锋芒、剪掉纷扰，自然人心清静、六欲不生、三毒消灭、人我两忘。接下来，道光显现。所谓道光，并非明亮耀目之光，乃是与世俗同明同暗，混同于尘世之中的隐世修行之光。如同身居灯红酒绿之间的人，还能保持内心一尘不染、坚守自我修行，这才是真正的大隐大修之人。此种境界叫作"玄同"。

"故不可得而亲，不可得而疏；不可得而利，不可得而害；不可得而贵，不可得而贱，故为天下贵。" 玄同境界，与道合真，所以眼界、心界能够超脱事物本身，放下了一切人我、是非的对待，看待万物，不分亲疏、利害、贵贱，一视同仁。大道没有高低贵贱之分，万物一体平等，所以玄同的境界为天下人所推崇。

第五十七化解道德

第五十七章

　　以正治国，以奇用兵，以无事取天下。吾何以知其然哉？以此。天下多忌讳，而民弥贫；民多利器，国家滋昏；人多伎巧，奇物滋起；法令滋彰，盗贼多有。故圣人云：我无为而民自化，我好静而民自正，我无事而民自富，我无欲而民自朴。

【 释 义 】

　　"以正治国，以奇用兵，以无事取天下。吾何以知其然哉？

以此。天下多忌讳，而民弥贫；民多利器，国家滋昏；人多伎巧，奇物滋起；法令滋彰，盗贼多有。"以寻常而统一的思想（道）来治国，以诡秘而刁钻的手段来用兵，天下，则要用无为不多事的方式来取得。我如何知道是这样的呢？看看这些就知道了：禁令越多，百姓越反叛；百姓手中的武器多了，国家就陷入动乱不堪；人的智巧多了，古怪的事物就层出不穷；法令层出不穷，盗贼反而越来越多。

"**故圣人云：我无为而民自化，我好静而民自正，我无事而民自富，我无欲而民自朴。**"所以，圣人告诉我们："我无为少事，而百姓自然教化。我清静养正，而百姓也会自然安宁。我不去生事扰民，百姓就会自然富足。我没有妄想，百姓就会自然淳朴。"

此章讲修行者通过彼此观照法，即历史的经验得出的结论：修道要以无为而不多事为方法，不要胡乱折腾妄为。

第五十八章

　　其政闷闷，其民淳淳；其政察察，其民缺缺。祸兮福之所倚，福兮祸之所伏。孰知其极？其无正。正复为奇，善复为妖，人之迷，其日固久。是以圣人方而不割，廉而不刿，直而不肆，光而不耀。

【释义】

　　"其政闷闷，其民淳淳；其政察察，其民缺缺。祸兮福之所倚，福兮祸之所伏。**孰知其极？其无正。正复为奇，善复为妖，人之迷，其日固久。**"接上章继续讲天下的治理：行政无为少事（闷闷）的时候，百姓就淳朴，行政妄为严峻（察察）的时候，百姓就狡诈。祸福之间相互依靠，相互包藏，谁知道它们到哪里是个头儿？它们看起来没有个准头（其无正），中正的能转化为古怪的，善良的也能转变为邪恶的，这些变化无常的事，已经令人迷惑很久了。

从修行的角度来看，闷闷即所谓"塞其兑，闭其门，挫其锐，解其分"的外在表现，外表看起来昏昏然，实则是修行者返观内心而呈现出来的表象罢了。心往内观，气则通融，心平而气和，表面上看起来黯然无光的样子，闷闷然。此节以政喻身，以民喻气，教人用道修身，混沌养真，杳冥养神，无人无我之境界，神满气足，自然百脉畅和。若不用道，心不关守，气不顺畅，智巧百出，即生妄想妄为，殊不知福祸系于人心一念，邪念生，福即转祸；正念起，祸亦能转福。这就是修行者存正念、得善果的道理。《太上感应篇》云："祸福无门，惟人自召。"不是祸福的转化没有准头啊，实则是人心没有准头造成的，而有道的修行者守住内心，就守住了祸福变化的法则啊！对于有道的人来讲，这些都不是什么迷惑。迷惑的人，必是不守道、不修行的人。

"是以圣人方而不割，廉而不刿，直而不肆，光而不耀。"
所以圣人方正有界，却从不割舍人，有棱有角，却从不刺伤人，率直而不放肆，光明而不显耀。

此节讲修行者通过内外观照法，即返观内心得出的结论：修身与治国同理，只要内心归于道，清静守正，不动妄想，不生妄为，则祸自消，福自生。所以修行的人，既要有自己固有的原则，又要善待这些原则，将之藏于内心，勿动私心妄念使之成为福祸转化的根源；修行者做人做事要有底线，又不可以依此划分人我是非之别；修行者不可能没有自己的个性，又不可以将个性发展到伤害他人的地步；修行者既要保持自然率真的道性，又不可以不顾及他人感受而为所欲为，既要做到道心光明，明了一切事物，又要将这种觉悟藏于内心，不可据此为荣，显得与众不同。

第五十九章

　　治人事天，莫若啬。夫唯啬，是谓早服。早服谓之重积德。重积德则无不克。无不克则莫知其极，莫知其极，可以有国，有国之母，可以长久。是谓深根固柢，长生久视之道。

【 释 义 】

　　"治人事天，莫若啬。夫唯啬，是谓早服。早服谓之重积德。重积德则无不克。"治理国民与事奉上天，最重要的是爱惜与节俭，爱惜节俭，就叫早做准备，早做准备就叫重视积功累德，看重积累功德就没有什么困难是不能克服的。

"无不克则莫知其极，莫知其极，可以有国，有国之母，可以长久。是谓深根固柢，长生久视之道。" 没有什么不能克服的力量，则无法得知这种力量的极限在哪里。不知其极限的力量，则可以保有国家的周全，知道保有国家周全的道理，就可以长治久安。这就是"深根固柢，长生久视"的道理。

本章讲的是积德可以长生久视的道理。什么是积德呢？就是积累功德。怎么积累功德呢？靠的是珍惜与节省。于治人而言，就是用道的俭朴无为，尊重性命，爱惜精、气、神，常守清静之心。事天，即治理天下，人为治理的天下，只是代天执掌的天下而已，所以叫事天。事天与治人的方式是一样的，无非像人爱惜自己的精力一样去爱惜天下的人力、物力、财力，不要铺张浪费，多多积累，到了困难来临时，自然能早有准备，从容应对，这就叫作"重积德"而"早服"，则"无不克"。那么这种积德带来的"无不克"的力量，实则是大道无为，珍惜与节俭的结果。所以它与大道的力量相仿，无边无际，没有极限，因为道是没有极限的。人因为积德而拥有这股力量，则可以长生不老，国因为积德而拥有这股力量，则可以长盛不衰。

所以，所谓重积之德，就是遵循大道无为的原则，不断爱惜节俭的结果。

第六十化校图籍

第六十章

治大国，若烹小鲜。以道莅天下，其鬼不神；非其鬼不神，其神不伤人；非其神不伤人，圣人亦不伤人。夫两不相伤，故德交归焉。

【释 义】

"治大国，若烹小鲜。"治理一国，如同烹饪一条小鱼，最忌胡乱翻腾，不可朝令夕改，一会儿一个主意，要有整体和长远的规划，按步骤实施。

"以道莅天下，其鬼不神；非其鬼不神，其神不伤人。" 以道治理天下，鬼怪不能显现。不但鬼怪不能显现，神明也不会伤人。

所谓鬼神，《易》曰：归与伸。指大自然中伏藏与伸张的力量，比如把莫名的自然灾害力量视之为鬼，唯恐避之不及，而把有利于人类生产活动的自然力量则奉为神明加以祭祀。在早期的人类生产活动中，先民常把由自然力量所产生的自然现象，与社会现象及人事更替相关联，比如出现重大天灾时，则认为该灾害是社会动荡的征兆或者是上天惩罚君主不敬天事民的手段。

现在看来，人类如若不尊重自然法则办事，确实可以引起大自然对人类的惩罚，这种例证无须赘言。从天地来讲，人如果用顺应自然、无为而治的方法去治理天下，那么，那些不利于人的自然力量会得到有效治理，达到"其鬼不神"的功效；从社会人事而言，我无为而民自化，那些歪风邪气的事情也就自然"其鬼不神"，成不了气候，害不了人。

"非其神不伤人，圣人亦不伤人。夫两不相伤，故德交归焉。" 不但神明不伤害人，圣人更不会伤害人。神明、圣人都不伤害人，这是德的集中体现。

什么叫德的集中体现？尊重道的法则行事，这种行事过程中的方法与结果都叫德，也都被视为德的体现。

前章讲依据道的法则，行爱惜节俭之事，是为积德，本章接着讲"治大国，若烹小鲜"的德行，都是从不同侧面讲大道不妄为之德。又论到鬼神之事，犹如祸福，都是人心决定的。其在修行，心中有道，神必不求而佑；心中无道，求神亦无所佑。鬼神生于天地阴阳，道于天地阴阳之先而生，岂有求母不验求于子反灵的道理？所以，有道的人不求于神，神必佑之。圣人是道的实践者，常怀救人之心，他们是更不会伤人的。执政的圣人与被祀奉的神明都不去伤害百姓，他们与百姓之间自然就能产生相互信任，人、鬼、神自然和谐，这些难道不是修行大道的圣人无为治天下的必然结果吗？

第六十一化盟威箓

第六十一章

　　大国者下流，天下之交，天下之牝。牝常以静胜牡，以静为下。故大国以下小国，则取小国；小国以下大国，则取大国。故或下以取，或下而取。大国不过欲兼畜人，小国不过欲入事人。夫两者各得其所欲，大者宜为下。

"大国者下流，天下之交，天下之牝。**牝常以静胜牡，以静为下。**"下流，水往低处流，喻处于下位，保持谦卑。大国处于下位，天下交会于此。这是天下最阴柔的地方，阴柔常常能保持谦卑，以守静胜刚强。

水流到低位的地方汇聚而成江河湖海。牝与牡，就是雌与雄、阴与阳、柔弱与刚强。低处的地方是阴柔虚静的地方（牝），处位越低、虚静越多，汇聚之水流则越多。奔腾而来的水流（牡）最终汇聚于最下位，最虚静之所在——大海，这是柔弱胜刚强的道理。大国应当学习这种精神，常把自己处于低位，"以静为下"，这叫作谦让处下。

"**故大国以下小国，则取小国；小国以下大国，则取大国。故或下以取，或下而取。大国不过欲兼畜人，小国不过欲入事人。夫两者各得其所欲，大者宜为下。**"因此，大国用谦让处下的方法对待小国，则可以汇聚小国，使小国前来归顺；小国用谦让处下的方法对待大国，则可以被大国所收容，受大国之庇佑。其实，这些都是依据于水往低处流，处下越低，聚集越多的道理。大国的目的，不过是想多兼收豢养些百姓，以显国力强盛；小国的愿望，不过是想被大国收容照顾，以求安存。双方之间相互谦让处下，能让双方各得其所愿。大国尤其需要处下。为什么呢？越是大的东西处下，则越能成就其大。看看那些地位尊贵的人，地位越高越谦卑，这都是懂得这个道理的修行高人啊！

第六十二章

　　道者，万物之奥，善人之宝，不善人之所保。美言可以市，尊行可以加人。人之不善，何弃之有？故立天子，置三公，虽有拱璧以先驷马，不如坐进此道。古之所以贵此道者何，不曰求以得，有罪以免邪？故为天下贵。

【 释 义 】

　　"道者，万物之奥，善人之宝，不善人之所保。美言可以市，尊行可以加人。人之不善，何弃之有？"奥，深藏、庇护。市，交易之所，喻社交。加人，施加于人、展示给别人看。大道至虚，难以测度。一气圆通，包罗天地，生养万物。天无道不清，地无道不宁，人无道不立，国无道不兴。天有道无言而行，地有道不动而载，万物有道得以化育。乾坤内外，星罗三界十方，无不有道，这说明"道者，万物之奥"的所在。

道是善人的最珍贵之宝，但同样又是不善人的保护和依靠。因道以善化不善，所谓善者吾善之，不善者吾亦善之，以这样以德报怨的思想去感化不善者。

有道的人他内心是善良的，所以语言也是美好的，从而得到普遍的尊重。有道之人，他的思想是纯洁的，所以他的行为也是美好的，思想指导行为。如此可以影响很多的人，更多地去推崇。当人的言行有不善时，是因为他还没有参悟大道，何必要抛弃他呢？就要用以上的方式方法去言传身教，感化过来，这是目的。

"故立天子，置三公，虽有拱璧以先驷马，不如坐进此道。古之所以贵此道者何，不曰求以得，有罪以免邪。故为天下贵。"因此，在立天子、列三公之时，虽然世人用高贵的礼仪，先后奉献拱璧和驷马，还不如跪进奉献此"道"，显得更尊贵。

因为道的尊贵，道的境界是超然物外，它无欲无求，是自然无为无私的状态。古人为什么崇尚此道呢？是因为道是光明的，是不远人的，要用心求道、体道。只要心归于道，过去的错误和罪过是能赦免的。因为道法是无穷的，所以得到天下人的崇尚与尊重。

第六十三章

为无为，事无事，味无味。大小多少，报怨以德。图难于
其易，为大于其细。天下难事必作于易，天下大事必作于细。
是以圣人终不为大，故能成其大。夫轻诺必寡信，多易必多难。
是以圣人犹难之，故终无难矣。

【释义】

"为无为，事无事，味无味。大小多少，报怨以德。图难于其易，为大于其细。天下难事必作于易，天下大事必作于细。"以"无为"的方式去作为，以"无事"的方法去行事，以"恬淡"的标准去体会。大小多少都是相对的，用德来回应怨恨。谋划之艰难，在于任何艰难的谋划都是由简单原理来支撑的。作为之伟大，在于任何伟大的作为都是从细微处着手的。天下困难的事情必兴作于简易，天下伟大的事情必兴作于细微。

　　以无为的方式作为，以无事的方法行事，前面很多章节已经多次论述。即以道的精神，处无为之事。所谓"味无味"，无味，真香无嗅、真味无味、恬淡自然，即是无味之味。它是外在行无为之事的内在支撑，只有内在清虚守静，才能做到外在"为无为，事无事"。大小多少都是相对的，恩怨也是相对的，"天道无亲，常与善人"（第七十九章），恩怨是可以相互转化的，所以要以德报怨。同理，困难之事必是简易原理支撑，伟大之事必由简单细微发端。所以有道的人，从简易原理处着眼看待艰难困惑之事，从细节处着手处理浩繁复杂之事。因其恬淡自然，不为外物所惑，观察事物洞若观火，未察而能先觉，未卜而能先知，可以无中观有。因其不为纷杂所扰，成就功业有如神助，诸机未动而能先发，诸端未发而能先生，可以无中生有。这就是"味无味"而能"为无为，事无事"，还能"为无为而无不为"的道理，这也是《阴符经》所云"人知其神之神，不知不神所以神也"的道理。持有这种修行功夫的人，就是"微妙玄通，深不可识"（第十五章）的得道之人。

"是以圣人终不为大，故能成其大。夫轻诺必寡信，多易必多难。是以圣人犹难之，故终无难矣。"所以圣人不以大为目的，反而能成就大。轻率许诺必然少有诚信，把事情想简单了则多有责难。圣人踌躇于事前，把容易的事情都当作难事看待，所以最终没有难事。

人可以师法天地、顺道而为，替天行道、成圣为王而领天下事。如何才能成就如此"大事"呢？修道的人并没有把成就大事当作最终目标，凡事皆从小处修行，不夸功显德，不好大喜功，最终才能与道合真，成就大功，自然而然。修行者应当明白，这个世界上没有什么事情有所谓的捷径，修道这件事情也是一样的，可以轻易承诺的，必是不可信托的。修行者的修行，说易也难，难在需要修成"味无味"的觉悟，做成"事无事"的功夫，以达到"为无为"的境界，所以不可将修行之事看得简单，需时时留意，处处用功。同时，修行之事，说难也易，因为无论多么艰难之事，无非是一些简易的原理支撑的，修行者能用"微妙玄通"的智慧去看待它，化繁为简，自然万难之事也能迎刃而解。所以，修行者审慎而智慧，看待一切事物，都像看待困难一样，事先做好充分准备，当然就没有难事。

第六十四章

其安易持，其未兆易谋。其脆易泮，其微易散。为之于未有，治之于未乱。合抱之木，生于毫末；九层之台，起于累土；千里之行，始于足下。为者败之，执者失之。是以圣人无为故无败，无执故无失。民之从事，常于几成而败之。慎终如始，则无败事。是以圣人欲不欲，不贵难得之货；学不学，复众人之所过，以辅万物之自然而不敢为。

"其安易持，其未兆易谋。其脆易泮，其微易散。为之于未有，治之于未乱。"事物处于安静时容易把握，没有任何征兆时容易谋划。脆弱的时候容易瓦解，微小的时候容易消散。在没有生发之前就干预，在没有动乱的时候就治理。

此节是接上章，继续讲"为无为"，这里更加具体地讲到了怎样"为无为"。事情于安静未动、未有征兆前谋划，当然是最好的，因为还未兴作的事物是容易分解的，还处于微弱的时候是容易消散的。所以想达到"事无事"的目的，要在事情还没有产生危机时就及时处理，要在事情还没有发生动乱时就着手治理，则一切都在可控的范围内进行，这是防止危害产生、防止事态恶化的有效方法。

"合抱之木，生于毫末；九层之台，起于累土；千里之行，始于足下。为者败之，执者失之。是以圣人无为故无败，无执故无失。"合抱的大树，是从微小的萌芽生发长育的；九层的高台，是从低层的泥土向上堆积的；千里的远行，是从脚下的步子开始行走的。恣意妄为就会遭致失败，试图执掌反而失去。所以，圣人不妄为而没有失败，不执掌而没有失去。

此节从另一个角度继续上章讲修行者不应有的行为。任何事物都必须有坚实的基础才能循序渐进地发展。"道生一,一生二,二生三,三生万物。"（第四十二章）万物从无到有,从虚到实,是个不能跃进的过程。真正的有道是"无为",无为是内在的"无味"决定的。"味无味"是个内在心性炼养的过程,从炼养的角度来讲,凝神养气更是要从细微慢养入手。万丈高楼平地起,千里之行始于足下的道理人人都知道,重要的是将这些简单道理从细微处去实践,这才是炼养的真功夫。道的法则是恬淡无为,妄为注定失败。执着己见的人失策,执意妄取的人失事,胆大妄为的人失身。因此,圣人有道,执道而为,不妄为而已。"观天之道,执天之行,尽矣!"（《阴符经》）故能执似不执,为若无为,如此"宇宙在乎手",天地尽在一掌间,又有什么可失去的呢?

"民之从事,常于几成而败之。慎终如始,则无败事。是以圣人欲不欲,不贵难得之货;学不学,复众人之所过,以辅万物之自然而不敢为。" 平常人做事往往是功败垂成,如果像对待开始那样去对待结局,则不会有失败的事情。所以,圣人所追求的是"不追求",不看重珍贵的外在财货,所学习的是"不学习",不断反复众人的过往,辅助万物的自然造化而不敢妄为。

　　此节继续讲内在的修为方法：修行人如果有追求的话，那么他追求的是一种婴儿状态的"无追求"，即达到无知无欲的境界，彻底看透并放下物欲诱惑。如果要学习的话，学习的是"不学习"，即"为道日损。损之又损，以至于无为"（第四十八章）、"绝圣弃智"（第十九章）的学习方法。再具体点讲，这种方法就是"观往复"，也就是第十六章里所描述的修行方法："致虚极，守静笃。万物并作，吾以观复。夫物芸芸，各复归其根。"如上所述，"学不学"的学习方法就如同"为无为"是让人不妄为一样。学不学，即不妄学，什么叫妄学？被外在不断更新的事物所迷惑，不断地去学习追求，殊不知"学无涯，而吾生也有涯"，这种学习永无穷尽，耗尽一生也没有学到真正的大道，这叫作妄学。那么，真正的大道在哪里呢？真正的大道在万物的过往经历中就表现得很充分了，虽然世间的万事万物在表面上呈现出层出不穷的各种仪态，但它们却有着同一的道性，其道性支持的内在核心是一致的，且周而复始、不断往复。这种往复的力量是万物生生不息的动力，这种动力需要将自己的内心保持清虚守静，才能用法眼去观察到。所以，圣人可以观前而知后，观此而知彼，未卜而先知，未动而先谋，无非是找到了万物的根本动力所在啊！知道了万物根本的圣人，是不敢妄动妄为的，也是没有必要妄动妄为的，只需要遵循大道原则，顺应自然地去办事即可。这就是真正的无为而无不为啊！

平常人做事，往往在看起来势头不错的时候失败，就是因为没有保持住审慎如初的心态。妄心妄想一动，妄为随即到来，失败也就不请自来了。所以从这个角度讲，修行，不过是勿忘初心罢了。

第六十五章

古之善为道者，非以明民，将以愚之。民之难治，以其智多。故以智治国，国之贼；不以智治国，国之福。知此两者亦稽式。常知稽式，是谓玄德。玄德深矣远矣，与物反矣，然后乃至大顺。

【释义】

"古之善为道者，非以明民，将以愚之。民之难治，以其智多。故以智治国，国之贼；不以智治国，国之福。"古代善于践行道的人，不是教百姓心机智巧，而是使百姓淳朴自然。百姓之所以难以治理，是因为他们智巧心机过多了。所以，用心机智巧去治国的，是国家的灾殃；不用心机智巧去治国的，是国家的幸福。

"知此两者亦稽式。常知稽式，是谓玄德。玄德深矣远矣，与物反矣，然后乃至大顺。"稽式，法则的意思。知道这两者的差异就能总结出法则来。平时遵循这个法则，就是"玄德"，玄德深远，与万物反其道而行之，然后达到顺应自然。

此章的重点在于对此节的理解。不以智巧治国，是老子提出的治国理念，智巧生狡诈，民多狡诈则天下人心不归大道，非国之福也。这个道理在前面的章节里反复讲过了。在这一章节里，道祖老子把这个道理推衍出来的两种结果，即用智巧治国，则为国之不幸，不以智巧治国，则是国之幸福，当作一个法则来确定下来，并称之为"玄德"。与这里的玄德相对应的，是在第五十一章里提到的"玄德"："故道生之，德畜之，长之育之，亭之毒之，养之覆之。生而不有，为而不恃，长而不宰，是谓玄德。"第五十一章里讲到的"玄德"，是天道之于万物的玄德，而这里讲的是王道之于百姓的玄德，两者的道理相同，王道治理天下，就如同天道治理万物一样。要以无为来教化民众，勿使百姓生巧取豪夺之心，使民众保持自然质朴。这种德行与天道之于万物的德行一样，深远而伟大，永不磨灭，故而也被称之为"玄德"。

那么王道的玄德虽然深远伟大，为什么却是与万物反其道而行之的呢？与万物反其道而行之的，为什么能达到顺应自然的"大顺"呢？其一，是因为万事万物的演进过程，都是一个"物壮则老"的过程，而为王道者却要向天道学习，施王道而使百姓停留在无知无欲的自然质朴状态，这本身是一种反自然规律的做法。其二，这种反自然规律的做法并不容易实现，在知道规律存在的前提下，尽量使百姓返回到自然质朴的状态，但也无法阻止一般事物发展规律对人类社会发展的影响，人类终将走向以智治国的不归路，这不过是王道的一种人为努力。所以，王道终不及天地之道，天地之道终不及自然之道。这也是修行者需要不断修行，不断接近自然无为大道的缘由和动力所在啊！

第六十六章

　　江海之所以能为百谷王者，以其善下之，故能为百谷王。是以圣人欲上民，必以言下之；欲先民，必以身后之。是以圣人处上而民不重，处前而民不害，是以天下乐推而不厌。以其不争，故天下莫能与之争。

【释义】

　　"江海之所以能为百谷王者，以其善下之，故能为百谷王。

是以圣人欲上民，必以言下之；欲先民，必以身后之。"善于处低位的品质，才是溪流江河所奔向的地方，百川悉归，低下成海，所以能为百谷之王。因此，圣人居于万民之上，言行表态在于民众之后，首先要了解民情，知道民意，而在做决定时，才知民众需要什么。自己要身先士卒，带头垂范，做出楷模，任何益处，不去争先，是以身后。如果圣人处处占上风，不谦下，则治理适得其反。

"是以圣人处上而民不重，处前而民不害，是以天下乐推而不厌。以其不争，故天下莫能与之争。"如此，即使圣人处位于上位，百姓也不会感到负累，处位于前方，百姓也不会感到威胁。所以，天下都乐于推举而不厌弃他，正因为他不争，所以天下没什么与他争。

继第八章、第二十二章讲到不争之后，此章再次讲到不争。三种不争各得其味：第八章以水喻道，讲的是随方就圆，顺势而为之不争，因其不争，而没有忧患；第二十二章讲的是去执着、去己待，不抱私见而无所争，所以天下无事可争；此章则是讲圣人之心胸如海，处下、包容，能容万民于我胸，天下何人与我争？

第六十七化光醮坛

第六十七章

　　天下皆谓我道大，似不肖。夫唯大，故似不肖。若肖，久矣其细也夫。我有三宝，持而保之：一曰慈，二曰俭，三曰不敢为天下先。慈故能勇，俭故能广，不敢为天下先，故能成器长。今舍慈且勇，舍俭且广，舍后且先，死矣！夫慈，以战则胜，以守则固。天将救之，以慈卫之。

"**天下皆谓我道大，似不肖。夫唯大，故似不肖。若肖，久矣其细也夫。**"天下的人都说我的道很大，好像它并不像谁。正因为它的广大，所以才不像谁。如果它像谁的话，它早就很渺小了!

为什么说道不像谁呢? 因为道是虚静无象的，它无象而能生万象，所以广大。如果像某个具体的事物，那么则落于有象，有象就不是广大无边的道了。此节讲道的广大与道的与众不同（似不肖）。

"**我有三宝，持而保之：一曰慈，二曰俭，三曰不敢为天下先。慈故能勇，俭故能广，不敢为天下先，故能成器长。今舍慈且勇，舍俭且广，舍后且先，死矣! 夫慈，以战则胜，以守则固。天将救之，以慈卫之。**"我有三件宝，掌握并使之保全：第一件叫作慈爱，第二件叫作俭啬，第三件叫作不敢处于天下人之前。慈爱，所以能勇敢；俭啬，所以能富足；不敢处于天下人之前，所以能成就大器。如今，舍弃慈爱而勇敢，舍弃俭啬而富足，舍弃谦让而争先，这就是走向死亡。慈爱，用它征战就能获得胜利，用它守卫国家就能得到巩固。上天要帮助谁，就用慈爱去守护谁。

从此章往后三章，都是讲道在战争上的运用。此节讲以道的法则对待战争，有三种与道一般广大无边的宝贵美德值得持守：慈爱、俭啬、谦让。

慈爱指的是大道包容长养万物之美德，乃是无私之大爱；俭啬即是第五十九章中讲的啬，"治人事天，莫若啬。夫唯啬，是谓早服。早服谓之重积德。重积德则无不克。"讲的是珍惜国力、爱惜民力、节俭治国的美德，乃是大公之勤俭；谦让指的是"后其身而身先，外其身而身存"的处下美德，乃是大道之无为。

大爱之德，包容万民，担当天下之所归，是真正的大勇（慈故能勇）；勤俭之德，崇俭抑奢，储备未来之所需，是真正的富足（俭故能广）；谦让之德，处下不争，发挥众人之所长，是真正的王者（不敢为天下先，故能成器长）。

所谓"器"，是指第三十六章里"鱼不可脱于渊，国之利器不可以示人"的国之利器，也称国之重器，保证国家运行的重要工具，多指用兵。此节也指军中之大器者。所谓大器者，治己而后能治人之将才。所谓"不敢为天下先，故能成器长"，指的是善于以谦让处下之道用兵者，才能够成就兵的优势，尽显将的才华。

以上这些，都是大道广博之美德在用兵上的具体表现。它们看起来是那么的与众不同（不肖）：一般人用兵，都是舍弃了慈爱而勇敢，叫作逞强；舍弃了俭啬而富足，叫作巧取；舍弃了谦让而争先，叫作豪夺。以逞强为目的、以巧取豪夺为手段的用兵，必是死路一条啊！

兵家说："兵者，国之大事，生死之地，存亡之道，不可不察也。"道祖老子云："兵者不祥之器，非君子之器，不得已而用之。"（第三十一章）所以有道者悲天悯人，以广大博爱之心看待天下万民，不忍生灵涂炭，故而不轻易发动战争，不将百姓带向死地。即使是非要诉之于战争的时候，也必然是不以巧取豪夺、逞强好胜为目的，是对对手谦让再三后的"以战止战"，此种战争以休止无谓的争斗为目的。战后则"天下有道，却走马以粪"（第四十六章），用兵者刀枪入库，马放南山，还清静天下于万民，此乃天下民心所向，这才叫夺取了战争的最终胜利——和平。和平时期，用慈爱去守卫天下，则天下巩固，因为慈爱是王道，而王道是天道之常德，这是帮助人成就大道的方法与原则。

第六十八章

　　善为士者不武，善战者不怒，善胜敌者不与，善用人者为
之下。是谓不争之德，是谓用人之力，是谓配天古之极。

【释义】

　　"善为士者不武，善战者不怒，善胜敌者不与，善用人者
为之下。"士：事也，指善于行事之人。这里指善于以道行兵
事者，即有道的统帅。与：相对，对待，这里意指针锋相对。

善于统帅的人，不崇尚武力；善于作战的人，不心怀愤怒；善于胜敌的人，不针锋相对；善于用人的人，处众人之下。

此节所言不武、不怒、不与、处下，是上章"慈"的具体延伸：统帅，本应该研究极致的武力，但有道者却不尚武力而以之为要；战事，本可以引发足够的愤怒，但有道者却不因愤怒而丧失理智；制敌，本就是互拼双方的实力，但有道者却不用对峙而解决冲突；用人，本需要明确上下的责权，但有道者却自行处下而受到推崇。

这些都是大爱无私之德的自然行为延伸，也是大道相反相成的道理。所以后世兵家云："是故百战百胜，非善之善者也；不战而屈人之兵，善之善者也。"言国之有重器，勿轻易示人，不轻易用之，不以争强好胜而发动战争（不武、不怒），更不用硬拼去取胜（不与）。善于以道用兵的统帅，常以大德加服于天下，如此可以不战而胜，天下来归。这些认识都来自于对大道自然的感悟，源自于大道一般的无私大爱，这种大爱叫"不争"。

"是谓不争之德，是谓用人之力，是谓配天古之极。"这种叫作不争的美德，就叫作应用天道于人事，叫作合乎天道，这是自古以来的最高准则。

第六十九章

　　用兵有言：吾不敢为主而为客，不敢进寸而退尺。是谓行无行，攘无臂，扔无敌，执无兵。祸莫大于轻敌，轻敌几丧吾宝。故抗兵相加，哀者胜矣。

【释义】

　　"用兵有言：吾不敢为主而为客，不敢进寸而退尺。是谓行无行，攘无臂，扔无敌，执无兵。"行，摆阵势。行无行，摆没有阵势的阵势。攘无臂，高举胳膊，即振臂高呼准备打仗的意思，喻提前做好战争准备。用兵的人说：我用兵不敢主动进攻，而像客人那样谦让退守，不敢进犯一寸而情愿退守一尺。这叫作摆下没有阵势的阵势，做好没有准备的准备，执掌不见兵卒的兵力，赢得没有敌人的战争。

此节是讲，善于以道用兵的人，常以大道无为的方式去看待战争，他从来不会主动发起战争，也从来不会无故进犯他人。这是持守虚静无为、谦让处下之德的具体表现，也是有道的用兵者，修行三宝——慈、俭、不敢为天下先的具体表现。因慈爱而无所妄为，故能天下归心，这叫摆下没有阵势的阵势（行无行）；因俭啬而爱惜国力，故能有备无患，这叫作好没有准备的准备（攘无臂）；因为谦让而能处下不争，故能万民信任，这叫执掌不见兵卒的兵力（执无兵）。所以持守这三宝的用兵者，虽然做好了一切战争准备，却从不主动出击发起战争（不敢为主），也从来不以掠夺为目的去进犯他人（进寸），因为主动进犯的人，违背了大道慈爱、俭啬、不敢为天下先的美德，有道者所不为，为则必败。这是坚持谦让思想在战略上的胜利。切莫以为不主动发动战争的谦让美德就等于要在战争问题上消极退守，战略上的退守既是一种美德，更是一种智慧，这种智慧可以在迫不得已而卷入的战争中，帮助有道者在战术上赢得主动积极的胜利。

"祸莫大于轻敌，轻敌几丧吾宝。故抗兵相加，哀者胜矣。"

哀：悲悯，与上文中讲的"慈"近义。用兵的灾祸，没有比轻敌更严重的了，轻敌几乎丢失了我的"三宝"。所以，两军力量大致相同的情况下，悲悯的一方可以得到胜利。

此节继续讲"三宝"的重要性，特别提到，用兵最大的危险在于轻敌。为什么会轻敌呢？妄心妄想一起，妄念妄为即至。用兵者穷兵黩武、涂炭生灵，这叫作无道。无道，则"三宝"尽失。

哀，是慈心大爱的自然延伸。大慈必生大悲，自古以来，道教人士相互见礼，必打躬作揖而口称慈悲，就是培养修道者替众生欢喜，替众生伤感，众生欢喜我欢喜，众生伤悲我伤悲的大慈悲心。

心怀天下，无私无我是无敌的，所以说"抗兵相加，哀者胜矣"。为什么呢？有道胜无道罢了。

第七十化庆玉像

第七十章

吾言甚易知，甚易行。天下莫能知，莫能行。言有宗，事有君。夫唯无知，是以不我知。知我者希，则我者贵。是以圣人被褐怀玉。

【 释 义 】

"吾言甚易知，甚易行。天下莫能知，莫能行。言有宗，

事有君。夫唯无知，是以不我知。"宗，宗旨。君，原则。我所说的很容易了解，也很容易践行。但是天下人就是不明白，就是不践行。言论有宗旨，行事有原则，天下人因为不知道这个道理，所以不能理解我所知道的。

"知我者希，则我者贵。是以圣人被褐怀玉。" 则：效法。知道我的人很少见，能效法于我的就更珍贵了。所以圣人是穿着粗布衣而内怀美玉的人。

此一章是道祖老子以圣人的口吻做自述式小结。他说："我所讲的大道，其实很容易理解，也很容易实践，天下人却少有人能真正理解，更谈不上去实践。人说话做事，必然是有原则支撑的，这个原则就是道，连这个简单道理都不能理解的，是不可能了解大道的。其实，不是人们真的不了解这个简单道理，而是往往事到临头时，不能坚守大道去行事罢了。"

天下达到"知行合一"的修行者太少了，以至于圣人有"被褐怀玉"、锦衣夜行的感叹。所以莫怪有道的人不肯轻易传道，实则是能坚守大道、坚持修行的人太少。一般人求道，总希望能得到一步登天的修行捷径，指望着一朝修成大道，便能如何如何，其实有这种想法的人，不过是"美言可以市，尊行可以加人"，而非修行之人。

大道简易而贵在坚持。修道不过就是平常生活中的一言一行，一举一动，须臾不离其道而已（言有宗，事有君），所谓信仰，不过是坚持着坚持而已。

第七十一化彰灵宝

第七十一章

知不知，上；不知知，病。夫唯病病，是以不病。圣人不病，以其病病，是以不病。

【释义】

"知不知，上；不知知，病。夫唯病病，是以不病。圣人不病，以其病病，是以不病。"上，很好。知道自己有所不知道，很好；不知道却自以为知道，这是毛病。圣人没有毛病。因为他把"不知道却自以为知道"当成一种毛病。正因为将毛病当成毛病，因此才不犯毛病。

此章是讲修行者如何做到自知之明。人无完人，金无足赤，人不可能完全没有毛病。但是，人身上最严重的毛病是不自知，不觉得自己还有什么不知道的地方，人一旦犯了这个毛病，就叫作自以为是，而自以为是的毛病是很严重的。

在修行者看来，即使对自己已知的事物，也不主观臆断，永远于已知之外求未知，才能不落成见。修行之中，一旦落于成见，则易坠入故步自封的泥潭，刚愎自用、自以为是的毛病则如影随形，于修行不利。

修行者深知"企者不立，跨者不行，自见者不明，自是者不彰，自伐者无功，自矜者不长。其在道也，曰余食赘行。物或恶之，故有道者不处"（第二十四章）的深刻道理。认识到自以为是乃是修行中的大障碍，时刻提醒自己不可妄自尊大，努力去掉"余食赘行"：看待任何事物，都要去掉自己的内心成见，抱以"横看成岭侧成峰，远近高低各不同"的超然无我之心态，从各个不同角度去全面思考、辩证之。如此，才能燃起本心内明之光，有此内明之光照耀，则可以做到不动无明生清静的功夫，能去无明之火，能消无明之恶，自见、自是、自伐、自矜可以自去，这就自然达到了修行者"夫唯病病，是以不病"的自知之明之境界。

第七十二化现朝元

第七十二章

民不畏威，则大威至。无狎其所居，无厌其所生。夫唯不厌，是以不厌。是以圣人自知不自见，自爱不自贵，故去彼取此。

【 释 义 】

"民不畏威，则大威至。无狎其所居，无厌其所生。夫唯不厌，是以不厌。"百姓不畏惧威胁，圣人则有大的威信。圣人不逼迫百姓的生存空间，不压榨百姓的生存所需。因为没有压榨，所以不会遭到厌弃。

圣人为政，不必自作威严去胁迫百姓就范。"天之无恩而恩生，迅雷烈风，莫不蠢然。"（《阴符经》）圣人只需以天地自然之道去教化百姓，则百姓自然淳朴。如此，就为百姓自然而然地创造了宽松的生存环境，使百姓能够安居乐业（无狎其所居），生活充满希望（无厌其所生），这样，圣人的威信也就自然而然地产生了。

"是以圣人自知不自见，自爱不自贵，故去彼取此。"所以圣人自知但不固守己见，自爱但不唯我尊大。所以要去除自我成见和唯我独尊，而保留自知与自爱。

圣人的威信不应当是自己强加给百姓的威严，而应当是建立在大道自然的威信之上的。圣人自知，但这种自知是去掉自我成见以后的自知之明，所以圣人绝不妄图把自己的意志与偏见强加于百姓（自知不自见）；圣人自爱，但这种自爱是"爱以身为天下，若可托天下"（第十三章）的伟大无私美德，决不是高人一等的装腔作势（自爱不自贵）。

所以，圣人无我而有我，忘我而真我，圣人是平凡而伟大的修行者。

第七十三颂流霞

第七十三章

勇于敢则杀，勇于不敢则活。此两者或利或害。天之所恶，孰知其故？是以圣人犹难之。天之道，不争而善胜，不言而善应，不召而自来，繟然而善谋。天网恢恢，疏而不失。

【 释 义 】

"勇于敢则杀，勇于不敢则活。此两者或利或害。"勇气来自于敢（妄为），则杀身；勇气来自于不敢（不妄为），则活命。这两种勇气，一个有利，一个有害。

所谓敢，有胆量敢作为，但是，胆大到天下没有什么不敢作为的时候，则是鲁莽、冒进、逞强的不明智妄为，由此而来的勇气，属于刚强之勇，过刚则易折，所以必遭杀身。而所谓不敢，则是一种智慧，圣人知道"人之所畏，不可不畏"（第二十章）的道理，选择有所不为，这种有所不为，则是大道无为的体现，代表着大道谦让、柔弱、无我、大公之美德。阳动阴静，人之生性好动，圣人动中求静，行不敢之敢，为无为之为，既需要莫大的智慧，更需要莫大的勇气，这种来自于谦让、理智、柔弱之勇气，犹为珍贵，可以柔弱胜刚强，得之者小则可以保全一身一家一国，大则可以保全天下。因此，大道正是以其"不敢"之德，所以保全万物。这就是"勇于不敢则活"的深刻道理。

"天之道，不争而善胜，不言而善应，不召而自来，繟然而善谋。天网恢恢，疏而不失。"上天之道是：不争斗，而善于制胜，不说话，而善于回应，不召请，而不请自来，悠悠然，而善于谋划。就好像上天有张宽广的网，稀疏，却没有漏失。

天道充分体现了大道"不"的美德：天道从不与世人争

斗，但谁又能斗得过天？天道从不发号施令，但日月流转，寒来暑往，无不按照它的规律在运行。天道从不发出召请，但北雁南飞，潮水有信，都是按照它的安排往来。天道悠悠然不急不徐，但岁月更替，沧海桑田，又是谁的谋划？天道循道而为，无有主见，不敢强加妄为于万物，而万物自然而然，各得其所。这就好像有张看不见的天网一样，万物尽被网罗其中，无一漏失。

不为、不争、不知、不学、不言、不敢……一言以蔽之，去伪存真，不悖大道而已。

第七十四化刻三泉

第七十四章

　　民不畏死，奈何以死惧之。若使民常畏死，而为奇者，吾得而杀之，孰敢？常有司杀者杀。夫代司杀者杀，是谓代大匠斲。夫代大匠斲者，希有不伤其手矣。

【释义】

　　"民不畏死，奈何以死惧之。若使民常畏死，而为奇者，吾得而杀之，孰敢？常有司杀者杀。"百姓不畏惧死亡，为什么要用死亡去恐吓他们呢？如果让百姓畏惧死亡，对于个别为非作歹的人，我把他们抓来杀掉，还有谁敢为非作歹呢？常设司杀的机构负责司杀就可以了。

此节讲民之生死。世间万物都是好生恶死的，但是，生死如阴阳，不是孤立存在的，方生方死，方死方生，生死是万物造化的必然过程，旧事物的死亡意味着新事物的新生。从某种角度讲，万物乃至整个世界，都是一个死亡与新生不断交替的过程。那么，是谁在掌管着万物的生死呢？自然的法则，也就是道。那么道以什么样的自然法则来衡量万物生死呢？自然等齐原则与自然公正原则。万物虽然形态各有所异，但在道看来却是等齐的，没有什么不同，所以大道任其相生相克、自然发展。但是，如果有某个事物凌驾于万物之上而不受任何其他事物克制地存在，则失去了自然公正的原则，影响甚至会更改万物等齐生长的原则，严重压迫了其他物种的生存，那么大道必将之除去。所以大道既是万物的生长者，也是万物的司杀者，但是只有当不遵守自然原则的事物出现时，大道才会行杀而诛灭之，以保全万物自然生长。正因为大道司万物生死大权，所以万物莫不畏死。领万民治天下，应当学习大道，常怀好生之德，常设司杀的机构来专杀那些妄图凌驾于万民之上的为非作歹之徒就可以了。则万民莫不畏死而贵生，珍惜生命，热爱生活，如此就可以做到百姓安居乐业，天下太平无事。

"**夫代司杀者杀，是谓代大匠斲。夫代大匠斲者，希有不伤其手矣**。"取代司杀者来行杀的人，就如同取代木匠去砍伐，很少有不伤到自己手的。

"天生天杀，道之理也。"（《阴符经》）万物生死，各有天命，乃由天道自然法则所主宰。王道效法于天道行杀，可以专设行杀机构，并遵守天道行杀的原则：自然公正原则与自然等齐原则，只有违背上述原则的，才能由司杀者代天杀之，这叫替天行道。需要注意的是，天道行杀是为了更好地生，并非是好杀，所以王道好生而恶杀，只把这些不得已的行杀之事交于司杀者专职司办。如果有人替代司杀者去杀人，甚至打着"替天行道"的旗帜去滥杀人，那就叫作好杀，违背了天道好生之德。

违背天道好生之德而好杀的人，则逼迫百姓"厌其所生""勇于敢则杀"，正是无道的统治使得百姓不再重视生命，不再惧怕死亡。如此，就是本章开篇所讲的样子："民不畏死，奈何以死惧之？"社会则陷入混乱无序、民不聊生的境地。

从"以奇用兵"来理解"奇"，奇指的是那些利用非常手段，巧立名目穷兵黩武之徒，这些人恰恰是违背大道，与百姓为敌的人，必须引起高度警惕。

有道者司杀，是为了还天下一个清朗世界。修行者亦司杀，如纯阳祖师吕洞宾，宝剑有三斩之功：斩断贪、嗔、痴，还自己一个清虚世界。

第七十五化云龙岩

第七十五章

　　民之饥，以其上食税之多，是以饥。民之难治，以其上之有为，是以难治。民之轻死，以其上求生之厚，是以轻死。夫唯无以生为者，是贤于贵生。

【释义】

　　"民之饥，以其上食税之多，是以饥。民之难治，以其上之有为，是以难治。"百姓饥饿，是因为统治者吞食的赋税太多，所以发生饥荒。百姓之所以难以统治，是因为统治者多事妄为，所以难以统治。

百姓之所以难以治理，根本的原因在于统治者的无道，他们垄断权力，代天行杀，放弃无为之道而实行妄为的人治。他们妄想凭借强大的国家机器（国之利器）与百姓为敌，然而，失去了一切生存希望的百姓，必然会本能地做出斗争，国家就陷入了混乱。

"民之轻死，以其上求生之厚，是以轻死。夫唯无以生为者，是贤于贵生。" 百姓之所以敢轻易作死，是因为统治者的生活奉养过于奢厚，所以百姓轻视死亡。不把自己的生命看得太重的人，比过分看重自己生命的人高明得多。

百姓本应当珍惜生命，享受生活，这才是自然之道。百姓轻视生命而无畏于踏入死地，是因为统治者过分追求丰厚优越的生活享受，把民脂民膏都搜刮净了，使得上下贫富悬殊拉大，所以百姓觉得死了不算什么。统治者厚于待己，必薄于百姓，所以，百姓才敢于和统治阶级以死相拼。

第七十六化应帝梦

第七十六章

　　人之生也柔弱，其死也坚强。万物草木之生也柔脆，其死
也枯槁。故坚强者死之徒，柔弱者生之徒。是以兵强则不胜，
木强则共。强大处下，柔弱处上。

【 释 义 】

　　"人之生也柔弱，其死也坚强。万物草木之生也柔脆，其
死也枯槁。"人活着的时候身体是柔软的，死了以后身体就变

得僵硬。草木生长的时候是柔软脆弱的，死了以后就变得枯萎干裂。

此节拿人和草木生前与死后的生理现象做比较。俗话说，人活一世，草木一秋。草木在活着的时候，特别是萌芽破土之初，无不是枝条柔弱的。随着一天天地成长，枝繁叶茂，物壮则衰，凋零叶落，枯槁则死，变成一堆枯木。万物一理，人刚出生时，身体也是柔弱的，因其"含德之厚"，所以能够"骨弱筋柔而握固，未知牝牡之合而朘作，精之至也。终日号而不嗄，和之至也"（第五十五章）。然而，随着一天天的成长，后天的干扰随之而来，感知与贪欲也逐渐增加，气血慢慢消耗于外物之上，物壮则老，筋脉由柔弱变僵直，则离死亡不远。所以一般人死去时，身体是僵硬的，而那些善于修行炼养的人，元精元气内守，元神不外驰，精气神充盈，其筋骨自然如初生一般，保持柔弱。

"故坚强者死之徒，柔弱者生之徒。是以兵强则不胜，木强则共。强大处下，柔弱处上。" 所以坚强与死同类，柔弱与生共伍。因此，用兵逞强不会得到胜利，树木强大了就会遭到砍伐。凡是强大的，总是处于下位，凡是柔弱的，反而居于上位。

坚强总是和死联系，柔弱总是与生关联。所以道祖老子说：
"柔弱胜刚强。"人类力量之刚强，莫过于用兵，为什么兵力强
大，反而不能取得胜利呢？因为有道者用兵，将用兵当作是不
得已而用之的"国之利器"，不肯轻易示人，更别说拿来对付
自己的百姓。而无道者用兵，其目的是对付百姓的反抗以维护
其霸权地位。那么就意味着无道的统治者将自己的利益置之于
百姓之上，使得上强而下弱，以上欺下，以强凌弱，这是违背
大道自然法则的。民乃国之本，违背自然法则的霸权，必然使
百姓处于水深火热之中进而起身反抗。自古云："得道多助，
失道寡助。"不把百姓利益视作最高利益，不把自己当作百姓
幸福之基石，其力量再强大，也最终不能战胜百姓的力量。

　　求生者往往得死，而向死者往往得生，天地万物，无不是
道的造化。

第七十七化居玉堂

第七十七章

　　天之道，其犹张弓与？高者抑之，下者举之；有余者损之，不足者补之。天之道，损有余而补不足；人之道则不然，损不足以奉有余。孰能有余以奉天下？唯有道者。是以圣人为而不恃，功成而不处，其不欲见贤。

【释义】

　　"天之道，其犹张弓与。高者抑之，下者举之；有余者损之，不足者补之。天之道，损有余而补不足；人之道则不然，损不足以奉有余。"天之道不就像拉弓射箭吗？抬高了，就把它压低一点，压低了，就把它抬高一点；力量过满了，就减少一点，力量不足时，就增加一些。天之道，减损那些多余的去补充那些不足的。而人之道则不是这样，减损那些不足的来补益那些多余的。

日月分明，四季交替，云行雨施，斗转星移。我们常常会感叹天地运行的精巧与准确，那么，是什么力量使之运行如此精准呢？天之道。上天有一套使万物精准运行的法则，叫作自然平衡法则。天地万物不过是一气化阴阳的产物，阴阳二气不可能绝对地平衡，只有保持此消彼长的相对平衡态势，才能使万物生生不息，否则就是死寂一片。那么，天道的自然平衡法则就是，多余的就减损，不足的就用多余处减损下来的去补益，如此就是一种总量不变而阴阳相对平衡的运行状态，这也是自然法则下最理想的运行状态。比如日落而月升，寒来则暑往，干涸则雨行之，低洼而水平之，所以天之道，犹如一部精巧的机器那样，默默无为地运行着，却毫无一丝偏差，就是这种平衡法则在背后支撑其运行。而人之道的运行规律，却与天之道的平衡法则背道而驰，剥削本来就不足的百姓而去供养无道且富贵有余的人主，减损上天好生之德，而去满足人主的好欲之心。平时生活之中，有些人拼命地工作却忘记了生活，拼命地索取却忘记了回馈，这些都是有悖于天道的作为啊！

"孰能有余以奉天下？唯有道者。是以圣人为而不恃，功成而不处，其不欲见贤。" 谁能把多余的拿出来奉养天下不足的呢？那只能是有道的人才会如此。所以，圣人有所作为而不自恃己能，有所成就而不居功自傲，他不愿意表现自己的贤能。

圣人，是道的践行者，所以学习天之道，常将自己的有余拿出来以奉天下之不足。他成就万民，而不自以为有功，因为他认为自己不过是执行天道法则而已。他功绩甚伟，却不居功自大，因为他知道这一切不过是天道的功绩而已。

于普通修行者而言，当明白了损有余而补不足的重要性，减损有余的，不足的才会自然丰盈起来。比如，减损些多余的工作，多关注一下缺少关爱的家人，莫要厚此薄彼；减损些财富，去帮助一下更需要这些财富的人群，莫等人财两空；减损些成见，才能装进更多不同的见识，莫使自以为是；减损些自大，才能交到更多的良师益友，莫令孤独终老。

总而言之，天之道，不过是加加减减的自然平衡法则而已，人应当遵守天道，生活中多多自做加减法，切莫舍不得减损那些已经绰绰有余的东西。因为"金玉满堂，莫之能守；富贵而骄，自遗其咎"（第九章）。就算你有再多的不舍得，终有一日，多余的，天道必然将其损去。

第七十八化履白莲

第七十八章

天下莫柔弱于水，而攻坚强者莫之能胜，其无以易之。弱之胜强，柔之胜刚，天下莫不知，莫能行。是以圣人云：受国之垢，是谓社稷主；受国不祥，是为天下王。正言若反。

【 释 义 】

"天下莫柔弱于水，而攻坚强者莫之能胜，其无以易之。弱之胜强，柔之胜刚，天下莫不知，莫能行。"天下最柔弱的莫过于水，而攻坚克强却没有它不能胜任的，因为没有谁能替代它。弱小能战胜强大，柔弱能战胜刚强，天下没有不知道这个道理的，但是没有人去践行。

道祖老子常以水喻道，"上善若水。水善利万物而不争，处众人之所恶，故几于道"（第八章），说的是水之德：从容不迫，随方就圆，举重若轻，善利万物而不与万物相争。

此节则讲到水之德所产生的伟大力量：水虽然是天下至柔之物，但天下没有什么刚强的东西是它所不能攻克的，而且攻坚克强，它的力量是无可替代的。为什么呢？如水滴石穿。天下能穿透石头的力量比比皆是，一物更比一物强，无论多么坚强之物，总会有比它更坚强的力量去克制它。但是，相克必相害，如铁钎凿顽石，石穿钎亦钝，这就是"杀敌一千，自损八百"的一般常识。而水的性情至柔，但恰恰是它至柔的性情所产生出来的两种至柔的力量，却可以让至柔的水去穿凿至坚的顽石，既有岁月累加之功，又有两不相害之情。岁月累加之功，无非心无旁骛，于一处用功，须臾不离其道；两不相害之情，才是利而不害，使两相成就，造化皆由其德。正是因为水其性至柔，至柔到"没有力量"与万物相争，更谈不上对万物有任何加害，但万物却莫不依赖水的滋润才能养成，所以叫作

"水善利万物而不争"。这种"利而不害"之德，试问天下何物能敌而拒之？因此，"利而不害"之德才让水以天下至柔之力成为天下攻坚的至尊力量，且无可替代。

"是以圣人云：受国之垢，是谓社稷主；受国不祥，是为天下王。正言若反。" 垢：污垢；通"诟"，屈辱。因此圣人说：为了国家承受国家的屈辱，叫作社稷之主；为了国家承受国家的灾难，可做天下之王。正确的话好像（与一般人的认识）是相反的。

水至洁，却能以洁净之身洗涤万物之污垢，将污垢留给自己。王道从之，所以有道的王者，能承担天下人所不能承担之"垢"，能承受天下人所不能承受之"不祥"，所以能成为天下的王者。什么是天下人所不能承受之"垢"与"不祥"呢？道祖老子通篇所言的，那些为一般人所诟病不喜的情形：屈、辱、缺、拙、讷、晚成、昧、退、渝、不足、曲、枉、少、敝、贱、下、弱、柔、孤、寡，等等，通通都属于"垢"和"不祥"。而有道的修行者却欣然领受它们，因为大道的力量表现为"反者道之动，弱者道之用"（第四十章），欲求道之正，须向反中求。正如水之德，容万物之污垢，方显其洁净之德，攻天下之至坚，方知其至柔之德，这些都是相反相成的自然法则啊！

所谓正言若反，即相反相成，是道祖老子点化修行者的一种特殊方法。如："大直若屈""大白若辱""大成若缺""大巧若拙""大辩若讷""大器晚成"，再如："明道若昧""进道若退""质真若渝""广德若不足"，又如："曲则全""枉则直""少则明""敝则新成""贵以贱为本""高以下为基""弱之胜强""柔之胜刚"等。本章可作为相反相成法则的一个大总结：一切相反相成之种种，无非是自然转化之道，道法自然的必然结果。

人之所乐见的，正是以那些厌恶的东西为基础，并以之为起点转化而来的。人若能如水一般"处众人之所恶"，则能与道合真，与道长存。

第七十九化明崖壁

第七十九章

和大怨，必有余怨，安可以为善。是以圣人执左契，而不责于人。有德司契，无德司彻。天道无亲，常与善人。

【 释 义 】

"和大怨，必有余怨，安可以为善。"和解深重的怨恨，必然会有怨恨遗留下来。那么，怎么做才是好的办法呢？

和解怨恨，很容易让人想起一句成语："以德报怨"。这里的德，指的是一般社会行为层面上的德，有恩惠、惠及的意思，讲的是用恩惠回报怨恨，听起来像是解决矛盾的好办法。但细想一步则不然，怨恨的源头，是由于人心私利贪欲而引起的纷争。所谓大怨，即深重的矛盾，如"食税之多"（第七十五章）、"求生之厚"（第七十五章）、"代司杀者杀"（第七十四章）的无道统治者与水深火热的百姓之间的矛盾。其根源在于统治者的私欲太重，以至于严重侵害到了百姓的生存，这种矛盾已经形成了你死我活的局面，不可谓不深重。如此深重的矛盾，即使是用片刻的恩惠去化解一时，也无法从根本上解决，这就是"和大怨，必有余怨"。

那么，怎样才能从根本上解决大怨的问题呢？道祖老子认为，让大怨产生并且发展到无可收拾的地步，是无道的表现。真正的有道者，应当"为之于未有，治之于未乱"（第六十四章），将怨恨消解于形成之前，而不是等怨恨已经产生了再去扑灭。

"是以圣人执左契，而不责于人。有德司契，无德司彻。天道无亲，常与善人。" 左契：古代借贷钱粮时所用的契券。它分左右两半：左边的就是左契，上有负债人姓名，由债权人保存，即"债权契"；右边的叫右契，刻着债权人的姓名，由负债人保存，即"债务契"。彻，周代的税法。司彻，掌管税法。因此，圣人拿着债权契，却并不责令借债的人偿还。有德的人就像掌握着债权契的人（那样宽容大度），没有德的人就像掌管税收的人（那样苛刻计较）。天道是无所偏爱的，总是帮助善人（得道）。

此节接着上节，讲如何消除怨恨于事前。圣人的方法是：不结怨。圣人宽容大度，守持"一曰慈，二曰俭，三曰不敢为天下先"（第六十七章）的精神，用大爱去爱惜体恤百姓，对待百姓给予的供养，一则不强行责令奉养，更不巧取豪夺，二则常怀感恩之心，克勤克俭，令百姓的生存从容不迫，安居乐业。如此自然就不会有什么大怨产生，圣人之德也就被百姓所拥戴。

第八十章

　　小国寡民，使有什伯之器而不用，使民重死而不远徙。虽有舟舆，无所乘之；虽有甲兵，无所陈之；使民复结绳而用之。甘其食，美其服，安其居，乐其俗。邻国相望，鸡犬之声相闻，民至老死不相往来。

【释义】

　　"小国寡民，使有什伯之器而不用，使民重死而不远徙。

虽有舟舆，无所乘之。"道祖老子治国理政的理念是希望统治者无为而治，不作妄为，顺应自然。让民众生活得自在快乐，幸福安详。疆域辽阔、人口众多的大国也应以这种以民为本的理念治国。民众不使用各类器具，放弃过度的技术，不拼命追求物质享受，才能使心不离道，也不失真。让民众珍惜生命，重视生死而不迁移远方。虽有车船，不远行就自然不会去乘坐。

"**虽有甲兵，无所陈之；使民复结绳而用之。**"虽然有武器铠甲，也不要陈列装备摆放出来，让人们忘记战争，达到天下太平。尽量使百姓的生活方式犹如回归到结绳记事之时的简约质朴。

"**甘其食，美其服，安其居，乐其俗。邻国相望，鸡犬之声相闻，民至老死不相往来。**"以既有的饮食为甘甜，也以现有的衣服为美丽。以其居住为安宁，以其形成的风俗为欢乐。人们过着清心寡欲、知足常乐、清静恬淡的生活。即便与周边国家相邻相近，彼此相望，鸡犬之声相互听到，但是，百姓各自安居生活，不会感到好奇，尽到终老彼此也没有往来。这主要是阐明道的自然无为境界，也是对生活与生命的热爱与珍重。道教继而承之这一宝贵精神，《西升经》中曰"我命在我不在天"的生命观，重视生死，贵生乐生的积极人生观，有好生恶死的重生思想。修真要远离喧嚣，潜心参悟人生的真谛，达到返璞归真合乎大道。

第八十一 化愈恶疾

第八十一章

　　信言不美，美言不信。善者不辩，辩者不善。知者不博，博者不知。圣人不积，既以为人己愈有，既以与人己愈多。天之道，利而不害。圣人之道，为而不争。

【释义】

　　"信言不美，美言不信。善者不辩，辩者不善。知者不博，博者不知。"诚实守信的人，语言并不华美，他只会用行动来代替华美的语言，华美的语言往往不诚信。为了取得对方的信任，花言巧语，这样的人是不可信的。善良之人不会争辩，会争辩之人不善良。《清静经》中曰"上士无争，下士好争"，也是说明这个道理。大智慧者不需要去博学求知，知识广博者反而被知识阻碍了智慧。这还表达另一层意思，指有智慧的人，抱着谦虚态度，处于下位。但有的恰恰相反，无知者生怕别人不知道他，处处显摆自己的学问。

"圣人不积，既以为人己愈有，既以与人己愈多。天之道，利而不害。圣人之道，为而不争。" 圣人遵道而行，不会积攒多余的财物，一切都是身外之物，不为物累。他会去帮助更需要帮助的人，反而自己感觉更富有，他越是给别人多，自己越是增多。那是精神富有，心无挂碍、海纳百川、厚德载物、天人合一的大情怀。天之道是顺应自然，生养万物，而不去伤害万物。圣人效法天道而为，有所作为而不妄为，不去强争巧夺。

圣人深知天道是"损有余而补不足"的，故而不会去积攒多余的身外之物。犹如叶落归根，大树将长养出来的树叶还归于大地，以肥养其根，才能使大树愈发地生机勃勃。树能长多大，不在于它蓬勃的枝干和树叶，而在于深植于大地之中的树根，大树损其赘余枝叶而补足其根，才能让自己生长不止，根深树大啊！与大树一样，万物都是在循环往复的法则支持下生长不息的，这就是"夫物芸芸，各复归其根"（第十六章）的道理。一般人常常损人而利己，圣人却损己而利人，不仅没有让自己愈来愈贫乏，反而让自己越来越富足，也是这个道理。

因此，天之道如水一般"善利万物而不争"，对待万物利而无害，所以圣人之道如水一般"为而不争"，因其不争，天下莫之能争。

如果讲"信言""不辩""不博"是一个修行者在学识上的德，那么"利而不害""为而不争"则是一个修行者在操行上的德。做到了学识与操行上的完美统一，则可以说达到了"知行合一"的修行境界，达此境界者，才可以称得上是圣人。

知道了第一章中讲到的"有无共观"，就大概"知道"了；做到了本章里讲到的"知行合一"，就已然"得道"了。

后记

　　历时一年有余，《道德经阐微》乃成，其间几易其稿，书名亦是反复琢磨，付梓之际，实觉感悟良多。

　　道祖老子所著《道德经》乃道教祖经，被誉为"万经之王"，自汉景帝起此书被尊为《道德经》，于唐代太宗时被译成梵文，高宗时尊为《上经》，玄宗之时更被尊为《道德真经》。余入玄门，不觉已三十余载。忆当年，初习之时，如获至宝，爱不释手，恍然如昨。三十余载，一路求真问道，虽多艰难，仍初心不改。道业振兴，难免俗务，虽常有案牍之劳，但仍不敢忘，得有片暇，忙温习之，每次开卷，一如当初，手难释卷，不敢稍懈，反复琢磨，用心体悟，遇有点滴心得，只言片语，忙记之，如冬之涉川，深怕转瞬即逝，无法再得。三十余载，勤习勤记，体悟心得颇多，虽无心著作，无暇整理，但笔记草稿不觉盈尺。

诸事皆缘定。2014 年元月，一居士来访，事出偶然，或也有缘，进门之时，余正温习《道德经》。其问："师父，能否将您的体悟笔记赐弟子研习。"言辞恳切，态度虔诚。余思之，虽未整理，但借之研习亦是弘道，遂应之。月余，居士欣然来访，谓余："师父，真收获颇丰，请整理成书以传世，愿助印。"余听之，仍有犹豫。因《道德经》成书以来，历代学者、帝王以及玄门中人考证、训诂、评述之作可谓汗牛充栋。余心得书稿，乃自身修道之用，亦作观内弘法之需，本无心面世。不久，又有一批弟子纷纷致意，望能将之成书，以助其研习求道。如此反复，余心始动。人能弘道，非道弘人，如要道法兴隆，道业兴旺，确需有所著作，以资众人。至此，决定着手整理，结集成书。

此念虽动，然事务实多，常有干扰，断断续续。又加过程之中，又获新得。余揣之，《道德经》于修行之人、于当世之人都如指路明灯，习之思之，皆能受益无穷。既然成书，不仅让道众修行有益，亦供世人可读可获，要二者兼而有之，故反复琢磨，多次修改，以求释其精要。如此，不觉寒暑易节，一年有余，方得成稿。

书虽成稿，定名亦难，几易方定。初修习之时，随手书

《道德经注解》；集成之中，弟子建议为《道德经心语》；后多方商榷，终定《道德经阐微》，为浅阐道祖老子真经微义之意。

书虽已成，因经义深奥，余学悟不精，深恐有负众人之望，难遂世人之盼。但余又思之，虽为一家之言，但亦是用心体悟修行之得。望于玄门之人修行有助，于世人人生事业各方各面均有裨益！

书能有成，亦得众人之助，感谢李光富会长万忙之中为本书作序，感谢杨雪菲、向步超、郑信谷、李信诚、喻志兰的反复校对之劳，感谢喻信芳打字之辛苦，感谢周金富道兄关心支持，感谢东方出版社姜云松等让本书得以顺利面世，感谢所有提供帮助的人，在此一并致谢，祝大家福生无量！

是以为记。

吴诚真
丙申年季夏于武汉长春观方丈堂